广东经验

公共文化新空间发展探索

中山大学国家文化遗产与文化发展研究院

广东省文化和旅游厅

编

SPM 南方传媒 | 广东人民出版社

· 广州 ·

图书在版编目（CIP）数据

广东经验：公共文化新空间发展探索 / 广东省文化
和旅游厅，中山大学国家文化遗产与文化发展研究院编.
广州：广东人民出版社，2024.11. -- ISBN 978-7-218-
18177-6

Ⅰ. G127.65

中国国家版本馆 CIP 数据核字第 2024Z2P092 号

GUANGDONG JINGYAN——GONGGONGWENHUAXINKONGJIAN FAZHAN TANSUO

广东经验——公共文化新空间发展探索

广东省文化和旅游厅　中山大学国家文化遗产与文化发展研究院　编

出 版 人：肖风华

责任编辑：段亚彤
装帧设计：奔流文化
责任技编：周星奎

出版发行：广东人民出版社
地　　址：广州市越秀区大沙头四马路 10 号（邮政编码：510199）
电　　话：（020）85716809（总编室）
传　　真：（020）83289585
网　　址：http://www.gdpph.com
印　　刷：珠海市豪迈实业有限公司
开　　本：787mm×1092mm　1/16
印　　张：18.5　字　数：240 千
版　　次：2024 年 11 月第 1 版
印　　次：2024 年 11 月第 1 次印刷
定　　价：78.00 元

如发现印装质量问题，影响阅读，请与出版社（020-85716849）联系调换。
售书热线：020-87716172

编委名单

主　　　任：李　斌

副　主　任：赵　红

执行副主任：程焕文　毛凌文　王　惠

主　　　编：唐　琼　陈卫东　黄　雯

编　　　者：彭秋平　伍宇凡　陈　晨

　　　　　　陈嘉敏　邱思恬　万　荣

目　录

附录一　2022 年广东省最美新型公共文化空间案例

附录二 2024 年广东最美公共文化新空间

报告篇

习近平总书记在文化传承发展座谈会上强调，在新的起点上继续推动文化繁荣、建设文化强国、建设中华民族现代文明，是我们在新时代新的文化使命。党的二十大报告提出，推进文化自信自强，铸就社会主义文化新辉煌，健全现代公共文化服务体系。推进公共文化新空间建设是落实《"十四五"文化和旅游发展规划》所提出的"健全基层公共文化设施网络"的重要举措，也是广东推动公共文化服务高质量发展的显著标志。"报告篇"所说的公共文化新空间，是指引入社会力量参与，以公共阅读服务、全民艺术普及为主要功能，兼顾社会教育、休闲娱乐、社交互动、科技体验等多元功能的公共文化空间。"十四五"以来，在广东省委宣传部的重视和指导下，广东省文化和旅游厅在全省范围推动以"粤书吧""粤文坊"为代表的公共文化新空间建设，取得明显成效，初步形成覆盖全省的规模化布局，品牌影响逐步扩大，打造了一批具有鲜明特色和人文品质的公共文化新空间，探索并实践了一条创新公共文化设施建设模式、普及实施文化惠民工程的有效路径。

1　广东省公共文化新空间整体发展情况

截至 2023 年底，广东省共建有 165 个公共文化新空间品牌项目，已建成并开放超 4800 家公共文化新空间，辐射广大城乡地区。广东省文化和旅游厅在全省推进建设"粤书吧""粤文坊" 2 个品牌项目，各地级市也创建了颇具地域特色的公共文化新空间品牌（见表 1-1）。

珠江三角洲地区建有广州市"花城市民文化空间"、广州市黄埔区"埔书房"、佛山市"邻里图书馆"、深圳市盐田区"智慧书房"、珠海市"百岛书房"、东莞市"城市阅读驿站"、中山市"香山书房"、惠州市"归善书房"、江门市蓬江区"陈垣书屋"、肇庆市"砚都书房"等 120 个品牌项目，呈现出蓬勃的发展态势。

粤东西北地区中，粤东地区建有潮州市"潮书屋"、揭阳市惠来县"24 小时便民书屋"、汕尾市"善美书吧"等 11 个品牌项目；粤西地区建有湛江市霞山区"24 小时智慧书吧"、阳江市"耕读书屋"、茂名市"好心书吧"等 17 个品牌项目；粤北地区有韶关市"风度书房"、河源市"源·悦"书屋、梅州市"祝枝山图书馆书房"、清远市"一默书房"、云浮市"城市书吧"等 15 个品牌项目。

整体上看，珠江三角洲地区公共文化新空间建设态势良好，广州市、佛山市、深圳市、中山市、东莞市等地表现尤为突出，不断创新服务供给内容与供给方式，涌现出一批具有本土特色的公共文化新空间品牌项目；粤东西北地区在推进传统基层图书馆全覆盖的同时，重视优质阅读空间的建设与资源供给，亦产生了韶关市"风度书房"、河源市源城区"槎城书吧"、茂名市"好心书吧"等优秀案例。

表 1-1　广东省公共文化新空间品牌数量分布表

地区	品牌数量（个）	品牌举例
省域	2	粤书吧、粤文坊
珠江三角洲	120	花城市民文化空间、埔书房、邻里图书馆、智慧书房、百岛书房、香山书房
粤东	11	潮书屋、善美书吧
粤西	17	耕读书屋、好心书吧
粤北	15	风度书房、一默书房

注：珠江三角洲地区包括广州、深圳、珠海、佛山、惠州、东莞、中山、江门、肇庆9个地级市；粤东地区包括汕头、汕尾、潮州、揭阳4个地级市；粤西地区包括湛江、茂名、阳江3个地级市；粤北地区包括韶关、河源、梅州、清远、云浮5个地级市。

1.1　建设发展历程

　　广东省公共文化新空间建设肇始于2008年，此后7年间，部分地级市开始探索并推出公共文化新空间项目。2015年起，广东多地积极创新公共文化空间的供给方式及服务方式，探索并启动新的公共文化空间建设项目，涌现了一批效益佳、影响广的空间品牌，发展形势良好。

　　整体来看，广东省公共文化新空间建设可划分为三个时期。

1.1.1　起步发展阶段

　　2010年至2015年，广东省公共文化新空间建设还停留在初步探索阶段，尚未大范围铺开建设。2010年，云浮市新兴县图书馆设立了"翔顺文化驿站"，旨在为社区居民创造一个兼具阅读、休闲、娱乐等功能

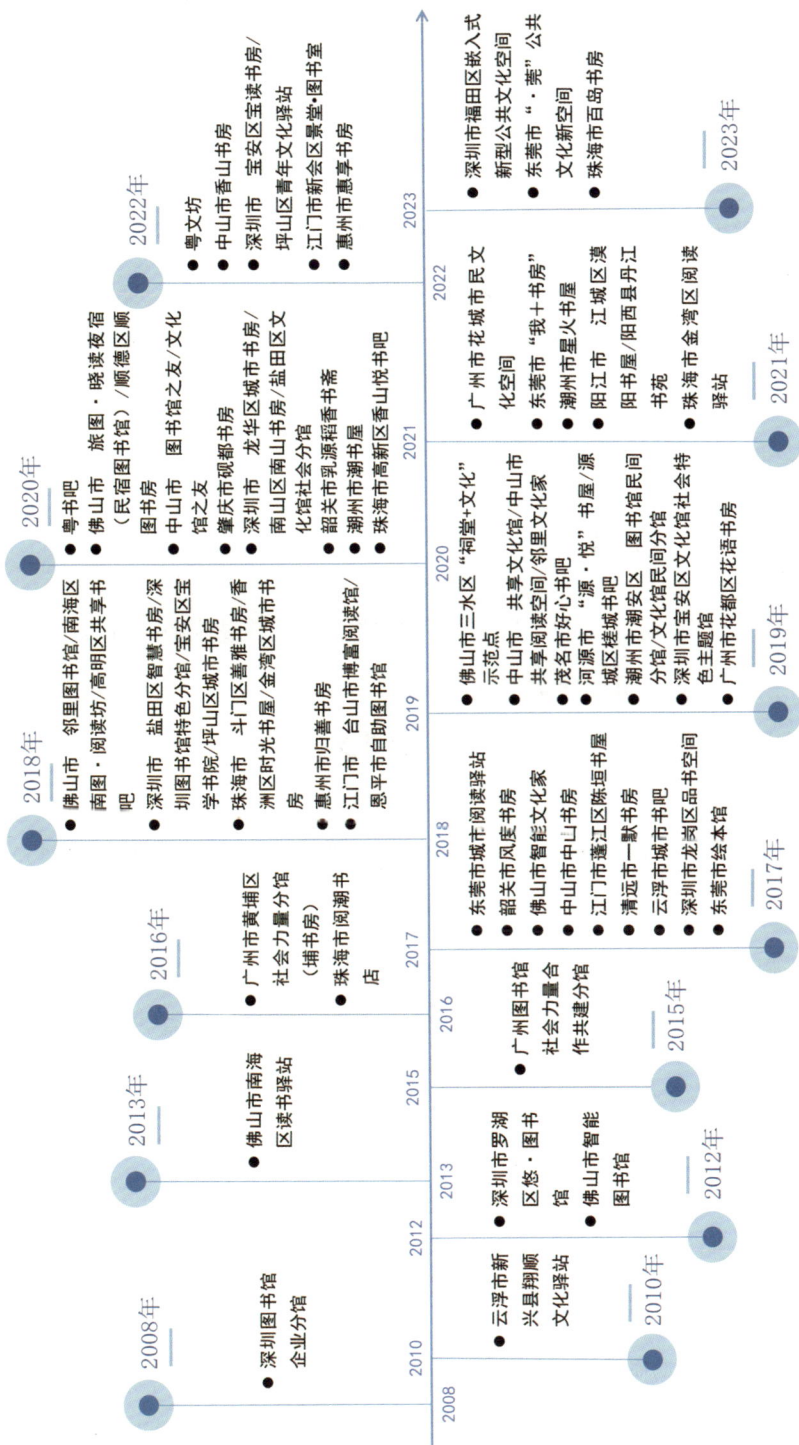

图1-1 广东省部分公共文化新空间品牌项目启动时间轴

2008年
- 深圳图书馆企业分馆

2010年
- 云浮市新兴县翔顺文化驿站

2012年
- 深圳市罗湖区悠·图书馆
- 佛山市智能图书馆

2013年
- 佛山市南海区读书驿站

2015年
- 广州图书馆社会力量合作共建分馆

2016年
- 广州市黄埔区社会力量分馆（埔书房）
- 珠海市阅潮书店

2017年
- 东莞市城市阅读驿站
- 韶关市风度书房
- 佛山市智能文化家
- 中山市中山书房
- 江门市蓬江区际墨书屋
- 清远市一默书房
- 云浮市城市书吧
- 深圳市龙岗区绘本馆
- 东莞市绘本馆

2018年
- 佛山市 邻里图书馆/南海区南图·阅读坊/高明区共享书吧
- 深圳市 盐田区图书馆特色分馆/宝安区智慧书房/深圳图书院坪山区城市书房
- 珠海市 斗门区时光书屋/金湾区城市书房/香洲区博雅阅读馆
- 惠州市归善书房
- 江门市 台山市博物馆阅读馆/恩平市自助图书馆

2019年
- 佛山市三水区"祠堂+文化"示范点
- 中山市 共享文化馆/中山文化家 共享阅读空间/邻里文化家
- 茂名市好心书屋
- 河源市"源·悦"书屋/源城区槎城书吧
- 潮州市潮民间 图书馆/文化馆民间分馆
- 深圳市宝安区文化馆社会特色主题馆
- 广州市花都区花语书房

2020年
- 粤书吧
- 佛山市 旅图（民宿图书馆）/晓读夜宿（顺德区顺图书房）
- 中山市 图书馆之友
- 肇庆市砚都书房
- 深圳市 龙华区城市书房/南山南山书房/盐田区文化馆社会分馆
- 韶关市乳源稻香书斋
- 潮州市潮书屋
- 珠海市高新区香山悦书吧

2021年
- 广州市花城市民文化空间
- 东莞市"我+书房"
- 潮州市星火书屋
- 阳江市 江城区溪 书屋/阳西县丹江书苑
- 珠海市金湾区阅读驿站

2022年
- 粤文坊
- 中山市香山书房
- 深圳市 宝安区宝安读书房
- 坪山区青年文化驿站
- 江门市新会区景堂图书室
- 惠州市惠享书房

2023年
- 深圳市福田区嵌入式新型公共文化空间
- 东莞市"一·鹭"公共文化新空间
- 珠海市百岛书房

的文化空间，于当年 4 月正式对外开放，但未能在全县铺开建设。①
2011 年，佛山市图书馆启动"街区自助图书馆系统"[后更名为"智能
（自助）图书馆"] 建设，开始探索引入 RFID（即射频识别）技术建
设无人值守的 24 小时自助图书馆；2012 年底，5 家智能图书馆面向社
会开放，这在当时处于国内领先水平。2012 年，深圳市罗湖区"悠·图
书馆"社区图书馆服务品牌，以"图书馆作为第三空间"为理念，为社
区居民提供"悠空间""悠资源""悠活动"。2013 年，佛山市南海区推
出"读书驿站"项目，以组装型、自助式、智能化的便民书屋，为社区
居民提供 24 小时自助便利服务。

1.1.2　初具规模阶段

进入"十三五"时期，广东省各地级市全面推进县级文化馆、图书
馆总分馆制建设，积极探索公共文化服务供给侧结构性改革举措，创新
基层图书馆、文化馆的空间和服务，公共文化新空间品牌建设形成一定
规模，产生了良好的服务效益。

2015 年，广州市颁布《广州市公共图书馆条例》，各区在区域总分
馆体系建设的基础上，探索与社会力量合作共建分馆。2016 年，陆续开
放了广州图书馆社会力量合作共建分馆、黄埔区图书馆社会力量合作共
建分馆、番禺区"禺阅书房" 等政府和社会资本合作模式（以下简称
"政社合作"）的公共文化新空间，开启区域内品牌空间规模建设的起
点。2017 年至 2020 年，以珠三角为轴心，各地纷纷启动公共文化新空
间建设项目，本土品牌层出不穷。

这一时期，一些地级市陆续推出不同类型的文化空间，为群众提供

---

① 新兴县总分馆制服务平台. 新城镇翔顺文化驿站分馆［EB/OL］.［2024-08-
15］. http://119.23.252.214:8072/contents/15/124.html.

内容丰富、形式多样的文化休闲服务。例如，佛山市陆续推出"智能文化家"、"邻里图书馆"、"南图·阅读坊"、"旅图·晓读夜宿"民宿图书馆等文化空间，与不同类型的组织合作，引入智能设备，最大限度地将文化空间布局到居民生活、工作与休闲等场所；中山市则在全市范围内布局不同功能和定位的公共文化空间，打造了"中山书房""共享阅读空间""共享文化馆""图书馆之友""文化馆之友""邻里文化家"等公共文化新空间品牌，延伸公共文化服务触角，为用户提供多样化的文化服务。在粤东西北地区，有韶关市"风度书房"、清远市"一默书房"、河源市源城区"槎城书吧"等，这些空间有效提升了用户的文化体验感和获得感。

在这一时期，早期开展建设的品牌也基于日渐成熟的建设经验，开始大范围推广建设工作，例如，启动于 2012 年的深圳市罗湖区"悠·空间"，至 2020 年底建成 32 家；发起于 2013 年的佛山市南海区"读书驿站"，至 2020 年底建成 189 家，形成了可观的连锁规模效应。

1.1.3 蓬勃发展阶段

"十四五"时期，国家和地方重视公共文化新空间建设，并从政策、制度、经费、宣传推广等方面为公共文化新空间建设保驾护航，各地公共文化新空间进入稳步甚至高速发展时期。各品牌建设模式逐渐多样化，建设规模和网络持续扩张，服务效能日益凸显，呈现蓬勃发展态势。例如，启动于 2017 年的韶关市"风度书房"，至 2023 年底建成近100 家；启动于 2018 年的佛山市"邻里图书馆"（"图书馆+社区家庭"模式），至 2023 年底建成逾 1500 家；启动于 2020 年的省域文旅融合服务点"粤书吧"，至 2023 年底已建成 381 家。

此前，新空间多以公共阅读为主，随着新空间建设的不断推进，侧重文化艺术、非物质文化遗产（下文简称"非遗"）传承类的新空间开始兴起。例如，2021 年，广州市推出"花城市民文化空间"品牌，涵盖图书、动漫、自然、军事、历史、艺术等众多主题，形态多样，边界开放，内涵丰富；一些空间采用"文化馆+非遗传承基地"的模式，将文化馆和非遗传承人工作室或非遗人才培养基地等融合在一起，充分展示、宣传和推广非遗文化。2023 年，广东省文化和旅游厅推出"粤文坊"品牌，指导各地在文化馆总分馆制建设时，撬动社会资源，创新文化空间，以新空间承载新的文化活动，达到文化惠民及群众艺术普及的目标。公共文化新空间的建设，让文化馆、图书馆总分馆制焕发新彩，也为用户带来了全新的文化体验和文化感受。

1.2　服务网络及规模

1.2.1　服务网络建设

广东各地级市公共文化新空间在实现资源共建共享的同时，进一步拓展了文化空间服务形态，为用户提供了便利化、均等化的服务。

广州市自 2015 年起开始建设全天候、多方位、多形式的公共图书馆网络体系。[①] 该体系以广州图书馆为中心馆，区图书馆为区域总馆，镇（街）图书馆为分馆，村（社区）图书馆、农家书屋、流动图书车、24 小时自助图书馆和其他服务点为延伸，学校图书馆、科学专业图书馆及其他类型图书馆为补充，带动社会力量积极参与建设。广州市及各区积极吸纳社会力量参与服务网络建设，推出了广州图书馆社会力量合作共建分馆、番禺区"禺阅书房"、黄埔区图书馆社会力量合作共建分馆、

---

① 广州图书馆. 图书馆之城简介 ［EB/OL］. ［2024-08-15］. https://gzlib. org. cn/libCityIntord/index. jhtml.

从化区"休闲书吧"、海珠区图书馆社会力量合作共建分馆等阅读空间品牌，"十四五"时期又进一步推出"花城市民文化空间"品牌，激活文化基础设施，为服务体系注入新的活力。

佛山市自 2004 年起推出"联合图书馆"体系，搭建覆盖城乡、惠及全民的全市公共文化服务网络。截至 2024 年 2 月，该体系成员已发展至 503 家，涵盖公共图书馆、街道图书馆、村居图书馆、学校图书馆、部队图书馆等不同类型的图书馆。在"联合图书馆"体系的基础上，佛山市图书馆界继续探索与不同类型的社会力量合作，推出了智能图书馆、"智能文化家"、"邻里图书馆"、"旅图·晓读夜宿"民宿图书馆等公共文化新空间品牌项目。除在全市开展公共文化新空间建设外，佛山市各区结合实际，还推出了系列文化品牌，如南海区"读书驿站""南图·阅读坊"、顺德区"顺图书房"、高明区"共享书吧"、三水区"古乐书吧"等，这些品牌成为公共文化服务体系的组成部分。

中山市已构建起以中山纪念图书馆为总馆，23 个镇（街）图书馆为分馆，200 多个行政村（社区）图书室及街区自助图书馆为服务点的三级公共图书馆总分馆服务体系。① 2017 年，中山市创新推出"中山书房"项目；2018 年 7 月，中山市启动第四批国家公共文化服务体系示范区创建工作，又相继推出"图书馆之友""文化馆之友""共享阅读空间""共享文化空间"等品牌，立足于不同的服务功能，让公共文化服务切实惠及市民。2022 年，中山市启动"香山书房"项目，通过新建或升级改造，整合市内公共文化空间，进一步完善服务体系结构。截至2023 年底，中山市已建成不同类型的公共文化新空间超过 260 家。

---

① 中山市纪念图书馆. 中山市公共图书馆总分馆服务体系介绍 [EB/OL]. [2024-08-15]. https://www.zslib.cn/ejzwy.jsp?urltype = tree.TreeTempUrl&wbtreeid = 1093.

在粤东西北地区，公共文化新空间成为基层文化馆、图书馆服务网络建设的重要抓手。以韶关市为例，韶关市公共图书馆联盟于 2016 年启动建设，联合韶关地区 3 区 7 县（市）的公共图书馆，实行统一建设标准、统一借阅系统、统一网络后台管理，实现体系内书刊通借通还、优势互补、资源共享、协调服务。① 2017 年，韶关市启动"风度书房"项目建设，利用信息化和 RFID 技术，以全开放、高品位的自助实体图书馆形式，整合市、区公共图书馆文献资源，加入全市通借通还系统，扩展韶关市公共图书馆服务网络。②

1.2.2 建设数量及规模

截至 2023 年底，广东省 165 个公共文化新空间项目已建成覆盖城乡的 4800 余家分馆/服务点。全省共计 10 个品牌项目建成数量分别都超过 100 家，已形成连锁运营、集中管理的规模效应。例如，"粤书吧"全省建成服务点 381 家；广州市、深圳市社会力量共建服务点超 400 家，佛山市社会力量共建服务点超 2000 家，东莞市社会力量共建服务点超 600 家，中山市社会力量共建服务点超 250 家；粤东西北的韶关市社会力量共建服务点超 100 家。

表 1-2　广东省部分公共文化新空间名录

序号	区域	公共文化新空间名称	牵头建设机构	建成数量（家）
1	全省	粤书吧	广东省文化和旅游厅	381

① 刘洪辉，张靖. 广东公共图书馆事业发展报告（2013~2017）[M]. 北京：社会科学文献出版社，2018：183-185.
② 广东省文化和旅游厅. 韶关市首批"风度书房"正式启用 [EB/OL]. [2024-08-15]. https://whly. gd. gov. cn/news_ newdsxw/content/post_ 2831361. html.

续表

序号	区域	公共文化新空间名称	牵头建设机构	建成数量（家）
2	全省	粤文坊	广东省文化和旅游厅	32
3	广州市	休闲书吧	从化区图书馆	130
4	广州市	禺阅书房	番禺区图书馆	109
5	广州市	花城市民文化空间	广州市文化广电旅游局	63
6	广州市	埔书房	黄埔区文化广电旅游局	187
7	广州市	广州图书馆社会力量合作共建分馆	广州图书馆	33
8	深圳市	城市书房	龙华区文化广电旅游体育局	105
9	深圳市	嵌入式新型公共文化空间	福田区公共文化体育发展中心	100
10	深圳市	宝读书房	深圳市宝安区公共文化体育服务中心	40
11	深圳市	悠·图书馆	罗湖区图书馆	34
12	深圳市	宝学书院	深圳市宝安区公共文化体育服务中心	33
13	深圳市	文化馆总分馆制社会特色主题馆	深圳市宝安区公共文化体育服务中心	15
14	深圳市	城市书房	坪山区文化广电旅游体育局	14
15	深圳市	品书空间	深圳市龙岗区文化广电旅游体育局	12
16	深圳市	智慧书房	深圳市盐田区文化广电旅游体育局	10
17	佛山市	邻里图书馆	佛山市图书馆	1588

续表

序号	区域	公共文化新空间名称	牵头建设机构	建成数量（家）
18	佛山市	读书驿站	中共南海区委宣传部（区文广旅体局）、南海区图书馆	273
19	佛山市	智能图书馆	佛山市图书馆	45
20	佛山市	"祠堂+文化"示范点	佛山市三水区文广旅体局	40
21	佛山市	"旅图·晓读夜宿"民宿图书馆	佛山市图书馆	25
22	佛山市	智能文化家	佛山市图书馆	16
23	佛山市	南图·阅读坊	南海区图书馆	15
24	佛山市	顺图书房	顺德图书馆	14
25	韶关市	风度书房	韶关市文化广电旅游体育局	95
26	河源市	"源·悦"书屋	河源市图书馆	15
27	河源市	槎城书吧	河源市源城区文化广电旅游体育局	14
28	惠州市	归善书房	惠州市惠阳区图书馆	13
29	东莞市	我+书房	东莞图书馆	316
30	东莞市	城市阅读驿站	东莞图书馆	139
31	东莞市	绘本馆	东莞图书馆	68
32	东莞市	"·莞"公共文化新空间	东莞市文化广电旅游体育局	30
33	中山市	香山书房	中山市文化广电旅游局	106
34	中山市	图书馆之友	中山市文化广电旅游局	67
35	中山市	文化馆之友	中山市文化广电旅游局	37
36	中山市	共享阅读空间	中山市文化广电旅游局	28
37	中山市	共享文化馆	中山市文化广电旅游局	14

续表

序号	区域	公共文化新空间名称	牵头建设机构	建成数量（家）
38	中山市	邻里文化家	中山市文化广电旅游局	13
39	江门市	陈垣书屋	蓬江区图书馆	15
40	江门市	自助图书馆	恩平市文化广电旅游体育局	14
41	江门市	景堂·图书室	新会区文化广电旅游体育局	12
42	阳江市	耕读书屋	阳东区文化广电旅游体育局	12
43	茂名市	好心书吧	茂名市图书馆	34
44	肇庆市	砚都书房	肇庆市图书馆	29
45	肇庆市	党建书吧	肇庆市图书馆	11
46	肇庆市	砚童书吧	肇庆市图书馆	11
47	云浮市	城市书吧	云浮市图书馆	18

注：1. 本表统计建设数量为 10 个及以上的公共文化新空间品牌，数据统计截至 2023 年底；

2. 同一行政区划内，按建成数量排序。

其中，很多公共文化新空间品牌项目理念模式新、服务效能好，建设规模也颇为可观，下面以"粤书吧"和"邻里图书馆"为例说明。

广东省文化和旅游厅自 2020 年起在全省范围开展"粤书吧"建设工作，制定了《广东省"粤书吧"建设指引（试行）》《"粤书吧"必备书目》等规范，2020 年按照选址条件、建设模式、运营管理等要求，推出首批 86 家"粤书吧"试点，打造了一批先行先试典型样板，在全省范围进行推广。"粤书吧"建设成为广东公共文化文旅融合和引入社会力量的重点抓手，各地级市结合实际，积极开展"粤书吧"建设，截至 2023 年底，全省已建成"粤书吧"381 家。

启动于 2018 年的"邻里图书馆"项目，以佛山市"联合图书馆"体系为依托，以"阅读温暖千家万户"为建设目标，搭建"图书馆+社区家庭"的建设模式，以家庭为单位，以邻里关系为纽带，为社区居民输送阅读服务。图书馆与社区家庭合作，服务点直接进驻到社区家庭中。2020 年，"邻里图书馆"已有超过 1000 个家庭参与建设，在佛山市五区顺利推开，形成广泛布点。截至 2023 年底，"邻里图书馆"已建成超 1500 个服务点，服务范围持续扩大，服务网络逐渐织密。

1.3 建设保障

1.3.1 政策保障

为保障公共文化新空间有序有效建设，各级政府颁布了一系列政策，从建设指引、资金补助、社会力量合作参与等方面给予指导与扶持。这些政策既有面向公共文化服务体系建设的大方向指引，也有专门面向某一文化空间品牌项目的指导性政策。

大方向指引方面，如《广东省文化和旅游厅 广东省发展改革委 广东省财政厅关于推动公共文化服务高质量发展的实施意见》、广州市《关于全面推进我市公共图书馆总分馆制建设的实施意见》、《广州市公共文化设施社会化运营指导意见（试行）》、广州市文化广电旅游局《关于在全市开展"公共文化共同体"建设的实施意见》、《深圳市盐田区人民政府办公室关于印发盐田区公共图书馆总分馆制建设实施方案的通知》、《佛山市公共文化服务体系高质量发展行动计划（2019—2022年）》、《梅州市加快构建现代公共文化服务体系的实施方案》等。这些政策以推进公共文化服务体系建设为主要目标，同时关注文化空间的创新供给，吸引社会力量参与公共文化服务体系建设，为用户创造舒适优雅的公共文化空间。

专门性政策方面，则根据公共文化服务体系总体发展规划，针对某一特定公共文化新空间品牌项目，出台建设方案、建设指引及资金扶持办法等，详细指导空间建设，并配合实际的扶持，督促项目落到实地。以"粤书吧"为例，首先，在省域层面，出台了《省文化和旅游厅关于在旅游行业开展文旅融合"粤书吧"试点工作的通知》及《省文化和旅游厅关于公布首批文旅融合"粤书吧"试点名单的通知》等政策文件，从建设指引、选址布点、书目推荐等方面指导各地级市开展"粤书吧"建设。接着，各地级市在当地推开"粤书吧"建设，结合当地实际，发布了更为详细的建设工作方案，如《佛山市"粤书吧"试点建设工作方案》《珠海市"粤书吧"试点工作方案》《珠海市"粤书吧"试点建设标准（试行）》等。甚至，有地级市专门针对某一特定空间发布了建设方案，如佛山市的《今屋文创书店"粤书吧"建设方案》，由上及下全方位引导"粤书吧"顺利开展建设。详见表1-3所列的政策名录。

表1-3 部分公共文化新空间建设专门性政策名录

公共文化新空间品牌项目	政策名录
粤书吧	《省文化和旅游厅关于在旅游行业开展文旅融合"粤书吧"试点工作的通知》《省文化和旅游厅关于公布首批文旅融合"粤书吧"试点名单的通知》《佛山市"粤书吧"试点建设工作方案》等
粤文坊	《省文化和旅游厅关于深入推进2023年"粤书吧""粤文坊"类新型公共文化空间建设的通知》
花城市民文化空间	《花城市民文化空间建设工作指引》
深圳市盐田区智慧书房	《深圳市盐田区人民政府办公室关于印发盐田区图书馆智慧书房建设与管理办法等"1+1+N"配套文件的通知》

续表

公共文化新空间品牌项目	政策名录
佛山市邻里图书馆	《关于印发佛山市"千家万户"阅暖工程——邻里图书馆创建广东省公共文化服务体系示范项目工作方案的通知》《佛山市顺德区文化广电旅游体育局关于印发佛山市顺德区邻里图书馆建设工作方案的通知》《高明区邻里图书馆项目工作方案》等
佛山市南海区读书驿站	《关于开展南海区智慧图书馆（24 小时读书驿站）建设的通知》《关于印发佛山市南海区创建广东省公共文化服务体系示范项目（南海区智慧图书馆—24 小时读书驿站）建设规划及工作方案、建设标准、管理办法的通知》
中山市香山书房	《中山市"香山书房"建设和管理导则》《中山市"香山书房"建设工作方案》
中山市共享阅读空间	《中山市"共享阅读空间"试点建设方案》《中山市"共享阅读空间"建设补助资金管理办法》
江门市 24 小时自助图书馆	《江门市文广新局关于印发江门市"24 小时自助图书馆"建设方案的通知》
云浮市城市书吧	《云浮市扶持鼓励书吧建设的实施方案》

此外，一些项目被列入政府年度重点项目。例如，建设"粤书吧"类公共文化新空间被省政府列入 2021 年广东省"十件民生实事"，"读书驿站"被列入 2017 年佛山市南海区"十大民生实事项目"的重点督查项目，河源市的"源·悦"书屋项目被列入河源市政府 2019 年及2020 年的"十件民生实事"，中山市的"香山书房"项目被列入 2022年中山市"十件民生实事"，这些举措切实保障了公共文化新空间建设的顺利进行。

1.3.2 经费扶持

公共文化新空间建设充分调动了社会参与热情，以财政"小投入"撬动社会"大资本"。尽管如此，广东多地在建设公共文化新空间过程中，仍然重视政府的财政保障。

政府多以一次性投入的形式落实公共文化新空间建设的启动经费，这些经费主要用于图书采购、设备配备等；合作建设的经营单位则投入日常运营管理经费，维持文化空间的持续运作。例如，对于"粤书吧"的建设，根据《省文化和旅游厅关于在旅游行业开展文旅融合"粤书吧"试点工作的通知》，广东省文化和旅游厅结合当地实际，给予一定的经费补助，主要用于图书资源采购及编目、日常维护、人员培训及读者分享会等费用开支；而"粤书吧"旅游经营单位主要承担场地建设、运营维护、书籍管理、人员管理等日常工作及相关经费。广州市黄埔区"埔书房"则由政府提供给每个分馆一次性投入的建设启动资金，合作共建单位主要负责建设经费以及人员安排、场地租金、管理费、水电费等运营管理经费的投入。中山市"共享阅读空间"项目则按照提供的服务内容，将空间划分为 A 级与 B 级共享阅读空间，按照级别给予不同补助，主要用于设施设备增购维护、运行管理，以及图书购置与更新等。

除建设经费投入外，政府还出台了奖励措施，鼓励公共文化新空间提高服务品质。例如，佛山市南海区设立了智慧图书馆（24 小时读书驿站）建设奖励，对于符合条件、验收合格并投入使用的读书驿站给予一定的奖励经费，并在文化消费补贴资金中"以奖代补"，增加读书驿站的购书补贴，充分调动社会各界参与公共文化服务建设的积极性，实现良性竞争。

1.3.3 标准规范

有了政策保障和经费扶持的基本前提，为有序开展公共文化新空间建设，一些品牌项目制定了专门的建设规范、业务规范或考核评估制度，从选址布局、场地面积、空间设计、资源配置、人员安排等方面对空间经营单位进行指引，实现统一化、规范化、标准化建设。表1-4列出了部分公共文化新空间的项目服务规范制度。

表1-4　部分公共文化新空间项目服务规范制度

公共文化新空间项目	建设规范/业务规范/考核评估制度
粤书吧	《广东省"粤书吧"建设指引（试行）》
粤文坊	《广东省"粤文坊"建设指引》
佛山市智能文化家	《智能文化家建设及运营规范（试行版）》
佛山市邻里图书馆	《邻里图书馆建设及服务规范》《邻里图书馆合作协议》《邻里图书馆绩效考核方案》
深圳盐田区智慧书房	《盐田区图书馆总分馆社会化运营及服务规范》《盐田区新型公共阅读空间运营扶持暂行管理办法》《公共图书馆智慧技术应用与服务要求》《无人值守智慧书房设计及服务规范》
中山市香山书房	《中山市"香山书房"建设标准（试行）》
东莞市城市阅读驿站	《关于东莞市"城市阅读驿站"项目统一标识和命名的通知》
韶关市风度书房	《韶关风度书房建设和服务标准（草案）》《韶关市风度书房建设选址要求》《风度书房图书巡架工作日常管理要求》等
河源市源城区槎城书吧	《源城区"槎城书吧"管理考核制度（试行）》

以佛山市"邻里图书馆"为例，其发布了《邻里图书馆建设及服务规范》《邻里图书馆合作协议》《邻里图书馆绩效考核方案》等文件，

在场馆建设、与社会力量合作、服务内容与服务形式以及绩效考核评估等方面，均有制度文件规范，标准化、规范化程度高。《邻里图书馆建设及服务规范》参考了《公共图书馆服务规范》以及《社区图书馆服务规范》，对"邻里图书馆"的术语和定义、建设基本要求、资源建设、服务提供、服务管理以及考核评价等内容做出规范和要求，明确规定"邻里图书馆"的运行过程，引导家庭开展建设与服务工作。《邻里图书馆合作协议》是达成合作的图书馆与家庭签订的协议文件，明确了协议内容，对双方的权利与义务做了详细的说明。《邻里图书馆绩效考核方案》规定，对每一空间进行考核，通过考核的家庭可继续合作，未满足服务要求的将按违约处理，终止合作。

1.4 服务开展情况

1.4.1 服务形态

在政策指引下，广东省公共文化新空间坚持"政府主导，社会力量参与"的基本建设原则，整合盘活社会资源，撬动社会力量投入场地、资金、人员等资源，为公共文化服务体系建设注入新鲜活力，共同探索公共文化服务高质量发展道路。

首先，公共文化新空间的形式突破传统，类型多样。按照其建设方式和特点，可初步分为：（1）街区自助公共文化空间，例如，佛山市南海区"读书驿站"及中山市"香山书房"项目，多布局在街区，借助相关设备及技术，实现无人值守，自助开放；（2）嵌入式复合文化空间，例如，中山市"图书馆之友""文化馆之友"项目，通过嵌入银行、工业园区、旅游经营单位、交通枢纽等，借助原业态空间，开展公共文化服务，一举多赢，又如，佛山市"邻里图书馆"及东莞市"我+

书房"项目嵌入家庭，以家庭为单位开展文化活动；（3）升级改造旧公共文化空间，例如，佛山市三水区"祠堂+文化"活化原有的古建筑或祠堂空间，焕发新活力；（4）新建公共文化空间，例如，深圳市盐田区"智慧书房"项目结合本地特色，打造主题文化空间。此外，其他模式的公共文化新空间也在持续探索创新。

其次，参与建设的社会力量类型丰富。例如，"粤书吧"、深圳市盐田区"智慧书房"、佛山市"旅图·晓读夜宿"民宿图书馆与景点景区、民宿酒店等旅游经营单位合作共建；中山市"共享阅读空间"、佛山市南海区"读书驿站"、韶关市"风度书房"等多与街道、公园等社会主体合作共建；广州市黄埔区社会力量合作共建分馆及佛山市"智能文化家"多与产业园区、公益性组织合作共建；佛山市"邻里图书馆"、东莞市"我+书房"项目更是将图书馆开到了社区家庭中，让阅读更加贴近人群，深入居民生活。

图1-2　"邻里图书馆"以"图书馆+社区家庭"模式，
让阅读常驻千家万户

在服务内容方面，除提供图书借阅、阅读推广、群众艺术普及、非遗传承、展览等传统服务外，各空间多结合社会力量本身的特性及自身资源条件，设立不同服务分区并提供多种形式的特色服务，如图书售卖、文创销售、咖啡简餐、艺术演出、产品展示、商务交流、政策咨询等，丰富用户的文化休闲生活。

以清远市一默书房为例，它依托江心岛上的郭南斯艺术馆而设立，全馆面积近 800 平方米，配备自助借还机，设有可供游人静坐、读书、享用咖啡饮品的书房，亲子共读共享的绘本馆，展示画作与雕塑的艺术馆，开展各类公益文化活动的讲堂，以及用于给在岛上开公益课的教授使用的大师工作室等。自 2017 年开放以来，一默书房开展了"传统文化国学公益班""音悦岛文艺沙龙""大咖读书会""我们的节日""诗歌雅集""朗诵之夜"等常设性的系列公益文化活动，年均举办公共文化活动逾 200 场，来一默书房讲学授课的高校教授逾 40 位。

1.4.2　服务效能

公共文化新空间以便利的选址、优质的资源、小而美的环境、智能化的设备以及多样化的服务业态，吸引了大量用户，显著提升了基层公共文化服务设施的效能。

广州市黄埔区"埔书房"自 2016 年启动建设，到 2023 年底已建成 187 家；接待读者数量和外借文献量均表明"埔书房"服务效能稳步提升，已成为黄埔区公共图书馆总分馆体系建设的重要组成部分。

佛山市新建的多种形式的公共文化新空间，构成服务体系的重要组成部分，服务效益突出。2023 年底，佛山市主导建设的智能图书馆（含普通智能图书馆及"智能文化家"）接待读者 66.15 万人次，流通图书量达 57.14 万册次，累计注册读者数达 7.75 万人。2018 年推出的"邻里图书馆"项目，至 2024 年 2 月，累计建成 1588 家，从图书馆借书累

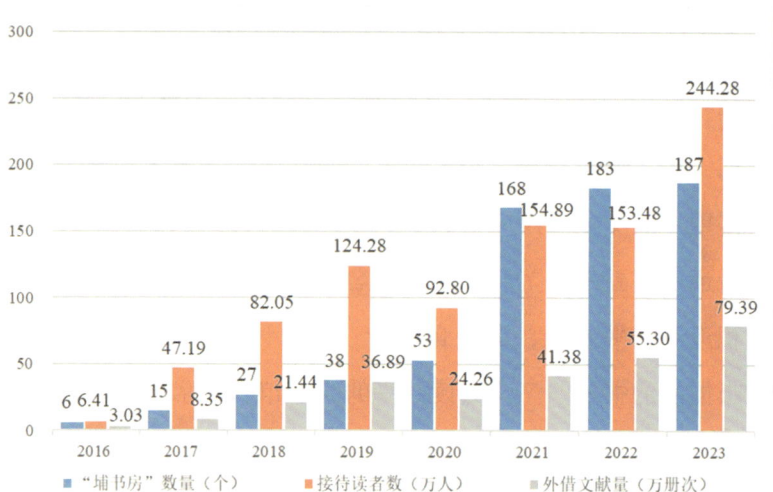

图1-3 广州市黄埔区"埔书房"服务效能统计图

计超54.66万册次,累计转借图书超22.7万册次,举办活动近2864场,累计服务读者11.27万人次。南海区"读书驿站"服务效益在区域总分馆中表现亮眼。2022年,南海区"读书驿站"入馆人次为184.67万,占全区总分馆入馆人次的73.36%;文献流通量近65万册次,占全区的56.88%;累计注册读者数达15.6万人,占全区的49.73%。

粤东西北地区,以韶关市"风度书房"为例,该品牌自2017年6月建成第一间书房,到2020年12月底,累计接待读者数达375.5万人次,图书流通量达137.5万册次,年均举办读者活动100场,年均活动参与量达5000人次。至2023年底,"风度书房"已建成95间,累计接待读者数近900万人次,图书流通量达225.7万册次,受到广大群众的喜爱。

1.5　整体发展特色

1.5.1　起步早，发展快

对于公共文化新空间的探索，广东省起步较早，早在 2003 年，深圳市、东莞市、佛山市等开始建设公共图书馆总分馆服务体系，就出现了社区图书馆、学校图书馆、机构图书馆、智能图书馆等不同类型的文化空间。在总分馆服务体系基础上，深圳市、东莞市、佛山市等开始探索街区自助图书馆建设，取得了良好的社会效益。2010 年后，各地不断推出新的公共文化空间品牌项目，与专业机构、旅游景点、社区家庭等合作，探索出"图书馆/文化馆+咖啡""图书馆/文化馆+智能服务""图书馆/文化馆+景点""图书馆/文化馆+家庭""图书馆/文化馆+民宿"等文化空间建设新模式，开拓公共文化空间新的服务形态，为公共文化服务体系注入新鲜血液和发展动力。从零星开发到初具规模，再到稳步发展建设，公共文化新空间建设势如破竹，成为广东省公共文化服务体系建设和发展的新增长点。

1.5.2　布点多，成规模

至 2023 年底，广东省各地级市已开展了 165 个典型公共文化新空间建设项目，基本覆盖 21 个地级市，共有超 4800 家分馆/服务点，打通了公共文化服务的"最后一公里"。多数公共文化新空间形成集中管理、连锁运营的机制，服务规模持续扩大，服务范围广泛。

图1-4 广东省公共文化新空间项目名称云图

1.5.3　全覆盖，多形态

遵循"普遍均等、惠及全民"的建设原则，广东省加强对公共文化服务体系布局的整体统筹和规划，形成了比较完备的省、地级市、县（市、区）、乡镇（街道）、村（社区）五级公共文化设施网络，实现了公共文化设施基本全覆盖。[①] 广东省公共文化新空间建设多建立在既有的公共文化服务体系基础之上，是公共文化服务体系最为活跃的神经末梢，有助于推动公共文化服务高质量发展，惠及更多群众。建设在乡村的公共文化新空间，为乡村振兴、古建筑保育、非遗展示等带来了全新的活力，实现了城乡公共文化空间的创新拓展。

公共文化新空间积极吸纳社会力量参与，融合多种服务形态，产生了如"公共文化+"的复合型服务形式，如"+咖啡""+花艺""+茶

图1-5　"公共文化+"生态圈

---

① 张靖，李思雨，杨乃一，等. 广东省公共图书馆事业发展报告（2013—2017）[J]. 图书馆论坛，2018（10）：1-16.

艺"等众多服务业态。依托公共文化新空间这一文化场域，关注区域经济社会发展与群众需求，形成可持续发展的良性文化生态圈，为城市、乡村及个人发展赋能。

1.5.4　高颜值，优服务

公共文化新空间注重美学设计，一改以往社区文化空间中规中矩的形象，从整体设计与装修布置上充分展示当地特色，注重舒适优雅、简洁大方的感官呈现，以带给用户视觉上的触动。部分文化空间以"高颜值"的外观成为"网红打卡点"，吸引大量群众关注。

这些"高颜值"空间在提供文化服务的同时，引入最新的技术开展智慧服务，聚合多元功能，融合多种业态，辅以多元化的活动，吸引广大群众到空间参与各类文化体验活动，服务效益突出，成为公共文化服务体系的有效补充。

② 广东省公共文化新空间建设经验

广东省文化和旅游厅积极发挥统筹引领作用，创新拓展公共文化新空间建设，提升公共文化服务体系效能，推动城乡、区域公共文化服务均衡发展，走出了一条以公共文化新空间建设带动公共文化服务高质量发展的岭南道路。

2.1　高位推进，完善文化空间建设政策机制

广东省各地高度重视公共文化新空间建设，从省到各地级市均出台多项政策，为公共文化新空间提供建设指引，明确建设标准、服务内容与考核评价机制，完善制度保障。2020年4月，省文化和旅游厅印发了《广东省"粤书吧"建设指引（试行）》，在全省旅游景区、酒店和民宿等旅游行业启动"粤书吧"试点建设工作，采取全省统一标识，在旅游景区、酒店、民宿和旅游交通集散地（机场、客运站等）等旅游经营单位，设立当地图书馆分馆或服务点，拓展阅读新空间。截至2023年底，全省共建成"粤书吧"381家。2022年6月，省文化和旅游厅将建设范围从阅读空间扩大至文化艺术空间，印发了《广东省"粤文坊"建设指引》，探索打造以全民艺术普及为主要功能的"粤文坊"，引领全省公共文化空间新一轮建设。

2020年至2023年，各地"粤书吧""粤文坊"类公共文化新空间建设获省级财政补助资金共3465万元，其中珠江三角洲地区375万元，粤东西北地区3090万元。《广东省文化和旅游厅 广东省发展改革委 广

东省财政厅关于推动公共文化服务高质量发展的实施意见》和《广东省委宣传部 广东省文化和旅游厅 广东省广播电视局 广东省体育局关于印发〈广东省公共文化服务实施标准（2021—2025 年）〉的通知》对公共文化新空间建设提出了具体要求。广州市出台了《广州市公共文化设施社会化运营指导意见（试行）》《关于在全市开展"公共文化共同体"建设的实施意见》，中山市出台了《中山市"香山书房"建设和管理导则》等，为公共文化新空间建设提供了有力的政策保障和先行先试经验。广州黄埔、深圳盐田、中山、江门、云浮等地均将公共文化新空间建设列为民生实事强力推进，有效保障空间高质量建设。

2.2 内外兼修，塑造城乡文化微地标

广东省文化和旅游厅按照"一吧一特色""一市一品牌"的原则，推动公共文化新空间建设，以"高颜值+新服务"的理念为人民群众创造小而美的公共阅读场所和艺术空间，同时注重促进所在地文化的传承保护，形成特色文化空间品牌。

2022 年 11 月，省文化和旅游厅评选出了"柏园粤书吧"等 20 个"最美新型公共文化空间案例"；"米谷书店"等 5 个空间在文化和旅游部全国公共文化发展中心和中国文化馆协会主办的短视频征集展示活动中荣获"最受欢迎公共文化空间"称号；"天河湿地文化角"等 3 个空间在文化和旅游部全国公共文化发展中心主办的 2022 年度乡村公共文化空间设计展示活动中荣获"空间设计奖"。

其中，广州"柏园粤书吧"位于"中央研究院"历史语言研究所（简称"史语所"）创办旧址，风格典雅，独具特色，为历史文献主题书吧，配备史语所人物相关著作、文物考古类主题图书以及中国好书、经典图书、少儿读物等，融合图书阅读、艺术展览、文化沙龙等多元文

化业态，为读者带来丰富、多元的文化体验。韶关市风度书房新丰·东城分馆，在装修风格上充满浓郁的新丰元素，以樱花、佛手瓜、枫叶为装饰，同时还设有韶关市新丰县民俗和非遗物品展示区，展出张田饼印、纸马舞、担丁酒、舞春牛等图片和物品，向广大人民群众展示新丰县的历史文化底蕴。① 深圳市盐田区的"智慧书房"，外观造型别具一格，拥有"灯塔""听海""邂逅"等富有诗意的名字，具备"文化+科技"的创新性功能，成为深受群众喜欢的文旅栖居地，仅灯塔图书馆日均服务读者就超过 2000 人次，入选"全国基层公共文化服务高质量发展典型案例"和 2023 年国际图书馆协会与机构联合会（IFLA，后文简称"国际图联"）国际营销奖（全球评选 10 项）。

图 1-6　深圳市盐田区灯塔图书馆外形设计以海上灯塔为灵感

① 新丰旅游. 书香满屋，全民阅读——风度书房新丰县东城分馆恢复开放［EB/OL］.［2024-08-15］. https://www.sohu.com/a/408273882_240313.

2.3 社会共建，激发文化空间发展动能

广东省改变政府"大包大揽"的传统建设模式，积极引导社会力量参与公共文化新空间建设。政府部门予以政策支持和价值引导，各类社会主体主动参与，探索适合自身的运营方式，显示了文化创新的灵活多元，实现了公共文化空间布局、功能的不断丰富拓展。图书阅读、艺术展览、文化沙龙、轻食餐饮等多业态融合，有效提升了公共文化服务质量。2023年4月，省文化和旅游厅对22家参与企业给予资金扶持，同时鼓励各地探索社会力量共建共享机制。据统计，"粤书吧"建设共撬动了将近500家企业参与，投入超过3500万元。

2024年1月，省文化和旅游厅发布《广东省公共文化服务共同体建设指南》，为广东省公共文化新空间建设进一步推动社会参与、横向整合、纵向联动、智慧赋能、区域协调、融合发展等提供了实践指引。广州市文化广电旅游局推出"新型公共文化空间展示"资助项目，对提供公共文化设施和公益性文化产品、文化活动及相关文化服务的企业进行资金扶持。东莞市举办"品质文化"创投大赛，采取直接补助的方式，赋能公共文化空间，推动社会力量为群众提供精准的公共文化服务。

2.4 品牌引领，推进文化空间规模发展

经省级和各地文化和旅游主管部门的务实推进，全省涌现出"粤书吧"、"粤文坊"、广州"花城市民文化空间"、深圳"南山书房"、中山"香山书房"、佛山"读书驿站"、韶关"风度书房"、江门"陈垣书屋"、茂名"好心书吧"等165个公共文化新空间品牌。目前全省各类公共文化新空间超过4800家，以环境舒适、服务智能、活动多元为特

色，不断延伸阅读、艺术服务触角，推动城乡基层公共文化服务焕发生机与活力。

省文化和旅游厅还鼓励将公共文化空间按功能划分为不同的类型，由公共图书馆、文化馆、博物馆、美术馆、非遗馆等传统场馆开展业务指导，形成互联互通和纵横服务网络，进一步加强了品牌场馆的建设和专业化管理，提升了服务效能。

2.5 智慧赋能，促进文化空间创新发展

为实现公共文化新空间的可持续发展，各地积极运用数字技术与智能技术，提高运营效率，丰富群众文化体验。例如，佛山市南海区"读书驿站"运用集群化、大数据分析、实时通信等技术实现集中管理。深圳市盐田区图书馆研发和应用智慧图书馆服务平台，实现资源、数据、服务、活动、监控的统一化、集中式管理；在服务设备上，对基层街道馆、社区网点进行智慧化改造，配置和升级智慧系统设备，大幅度提升智慧服务能力；在服务模式上，推动"线上+线下"的阅读服务，大力开展线上"你看书我买单"服务、专题资源线上服务、线上直播服务，同时打造线下自助式的、无人值守的智慧书房服务网。佛山"智能文化家"配置朗读亭、智能书桌、智能茶几、耳机森林等智能设备。中山市"图书馆之友"引入"喜马拉雅有声图书馆"，增强用户的视听体验；通过手机转借服务平台，简化借阅流程，提高服务效率。潮州市"潮书屋"运用人脸识别技术，用户可直接通过刷脸"秒"借书，适应用户的使用习惯。

2.6 媒体联动，引领文化休闲新模式

　　省文化和旅游厅通过与抖音等新媒体平台的联动，成功带火了一批具有时代风貌和地域特色的公共文化新空间。2022 年 12 月，省文化和旅游厅成立公共文化新空间新媒体联盟，共有 77 家企事业单位加入联盟，共享优质短视频资源，聚合宣传热度和流量。2022 年，"粤书吧 & 粤文坊"抖音号正式上线，开展了系列线上宣传活动，截至 2023 年底，推出公共文化空间短视频 61 个，获得超过 40 万点赞，粉丝超过 8 万人。"粤书吧 & 粤文坊"抖音号还发起"粤游有书香"短视频征集活动，邀请网友们添加该话题拍摄短视频，并分享在"粤书吧"的体验；与达人合作发布共创视频，获得了良好的社会反响。通过搭建文旅营销阵地，"粤书吧""粤文坊"聚合优质内容，探索文旅消费融合，实现了"粤读书，悦旅游""粤文化，越美好"。

③ 广东省公共文化新空间发展路径探讨

2021 年，文化和旅游部、国家发展改革委、财政部《关于推动公共文化服务高质量发展的意见》，文化和旅游部《"十四五"公共文化服务体系建设规划》，中共中央办公厅、国务院办公厅《"十四五"文化发展规划》均提出，要创新拓展城乡公共文化空间，打造一批具有鲜明特色和人文品质的新型公共文化空间。"十四五"以来，广东省在开展公共文化服务体系建设过程中，成功孕育出了一系列具有标志性的公共文化新空间，这些新空间不仅彰显了独特的岭南文化与人文情怀，还开创了公共文化设施建设的崭新模式。通过一系列创新举措，广东省探索并实践了一条普及实施文化惠民的有效途径，为民众提供了更加丰富多元、贴近生活的文化体验平台。

总体而言，广东省公共文化新空间的建设，以新颖的建设理念、广泛的社会参与、大胆的服务创新，取得了较好的社会效益，但也存在以下几方面亟须探索的情况。

一是可持续运营管理机制有待进一步探索。广东省财政对公共文化空间投入总体不足，部分地级市经费投入缺乏持续性，社会力量参与公共文化新空间建设，存在不同程度的后续运营管理机制不健全、缺乏专业管理人员、服务不规范、服务质量不高等问题。

二是空间布局有待进一步优化。广东省人口基数较大，部分地区新空间建设没有体现"设施跟着人走"的原则，局限于以行政地域布局新空间建设，公共文化新空间与传统公共文化设施体系化程度不高，粤东西北地区空间建设水平远落后于珠江三角洲地区。

三是乡村地区覆盖范围有限。公共文化新空间建设城乡发展不均衡，高品质、品牌化的公共文化新空间大部分位于城市，甚至出现扎堆建设的现象，乡村公共文化新空间较少，存在设施和服务的空白点或薄弱环节。

2023年4月，习近平总书记考察广东，寄望广东在推进中国式现代化建设中走在前列，这是对全省各地区、各行业包括文化和旅游业的深切厚望。公共文化新空间建设是促进公共文化服务高质量发展的重要抓手和显著标志，下一步广东将全面落实党的二十大精神，深入学习贯彻习近平总书记对广东系列讲话、重要指示精神，锚定"精品立省、改革引领、服务提质、融合增效"的工作思路，切实担负起新的文化使命，加强顶层设计，有效融合资源，以人为本、因地制宜地推动公共文化新空间建设，满足城乡居民对高品质文化生活的期待。具体而言，有以下四种发展路径。

3.1 以"一刻钟文化圈"为目标，完善空间发展规划布局

结合城乡发展实际，将公共文化新空间建设纳入总体规划，确定公共文化新空间的布局、类型、功能等，通过历史文化街区和历史建筑的空间再利用、新建楼盘配套空间、与商业体（包括实体书店）合作共建等多种方式，推动公共文化新空间跨界融合发展。开展公共文化设施微更新，激活小区商铺、休闲公园、交通站点等，建设"嵌入式"文化空间。推动乡村打造与当地人文自然景观相呼应、彰显时代特征的特色空间，将文化创意融入社区、乡村生活场景，提高环境的美观度和空间的服务便捷性。

3.2 以数字化、社会化为抓手，推动创新文化业态发展

依托智慧图书馆、数字文化馆、公共文化云建设，在公共文化新空间引入数字创意、线上演播、沉浸式体验、智慧服务等新型服务业态，构建公共文化服务新场景。加快出台《广东省关于支持鼓励社会力量参与公共文化服务的指导意见》，鼓励利用多种方式，推动社会力量参与公共文化新空间运营、活动项目打造、服务资源配送等。推动公共文化新空间与旅游、教育、健康、创业、服务等叠加，鼓励功能复合利用，着力打造内涵丰富、体验良好的精神家园。

3.3 以建立资源与服务供给机制为重点，提升公共文化空间管理水平和服务效能

将公共文化新空间纳入"广东省文旅公共服务设施管理系统"，动态指导公共文化新空间建设的管理和运行。鼓励各地探索和制定符合地方发展水平的公共文化新空间建设标准及服务规范，将公共文化新空间建设与运营情况纳入年度考核和评价指标体系，定期开展满意度测评。将公共文化新空间建设作为深化文化馆、图书馆总分馆制建设的重要内容，推动市、县的文化馆、公共图书馆与公共文化新空间的资源整合和互联互通，织密公共文化设施网络，扩大总分馆制覆盖面，提升基层公共文化服务效能。开展公共文化新空间评选和推荐活动，推出一批示范性公共文化新空间，打造公共文化新空间特色集群。

3.4 以新媒体矩阵为抓手，提高公共文化新空间知晓度和影响力

通过广东省文化和旅游厅的抖音、小红书、今日头条、哔哩哔哩官方账号等新媒体，创新运用热门话题、"粉丝"社群、互动评论等传播方式，制作易于传播的短视频，加强与读者的线上互动，打造高流量"网红打卡点"，让公共文化新空间"出圈"。推动全省各地公共文化新空间打造原创短视频，形成优质作品互推互播、资源共享的良性循环，提高公共文化新空间知晓度、参与度和美誉度。

案

例

篇

① 广东"粤书吧"：政府主导，省域文旅融合新模式

2020 年初，广东省文化和旅游厅牵头开展"粤书吧"试点建设项目，通过将试点当地图书馆分馆或服务点嵌入旅游景区、酒店、民宿和旅游交通集散地等旅游经营单位的方式，打造统一品牌和标识，拓展公共文化新空间。"粤书吧"是文旅深度融合的创新探索，在旅游行业建立文化宣传阵地和窗口，利用公共文化新空间展示当地文化，开展阅读推广活动，以旅载文，以文促旅，丰富游客的旅游文化体验。

2020 年 1 月，广东省首间"粤书吧"——广州市南沙花园酒店粤书吧正式试运行，并举办首场主题分享活动。① 2020 年 4 月，全省各地开展"粤书吧"试点工作。② 根据《省文化和旅游厅关于公布首批文旅融合"粤书吧"试点名单的通知》，全省确定了 86 个文旅融合"粤书吧"试点，遍布珠江三角洲地区以及粤东西北地区，合力打造具有广东特色的文旅融合品牌，形成规模化、网络化、特色化发展格局。2020 年至 2023 年，省级财政补助各地"粤书吧""粤文坊"类公共文化新空间

---

① 广东省文化和旅游厅. 我省首间"粤书吧"举办新春国乐沙龙活动［EB/OL］. ［2024 - 08 - 19］. http://www. gd. gov. cn/zwgk/zdlyxxgkzl/whjg/content/post_2877794. html.

② 广东省文化和旅游厅. 省文化和旅游厅开展 2020 年"粤读越精彩"全民阅读系列活动［EB/OL］. ［2024 - 08 - 19］. http://whly. gd. gov. cn/gkmlpt/content/2/2977/post_ 2977537. html#2628.

建设资金共 3465 万元。截至 2023 年底，全省共建有 381 家"粤书吧"，服务网络逐渐扩大。

1.1 加强顶层设计，统筹全省建设

为促进文化和旅游深度融合发展，推动完成《广东省加快推进文化和旅游融合发展三年行动计划（2020—2022 年）》中"在旅游设施中引入公共文化设施"的重点任务，广东省文化和旅游厅在全省范围内开展"粤书吧"建设，成立项目组，在旅游景区、酒店、民宿等旅游经营单位实地进行考察调研，了解图书馆与旅游经营单位双方在"粤书吧"建设中的诉求，明确双方权责及义务。在综合各地调研情况及充分吸收各界意见的基础上，广东省文化和旅游厅先后发布了《省文化和旅游厅关于在旅游行业开展文旅融合"粤书吧"试点工作的通知》《省文化和旅游厅关于公布首批文旅融合"粤书吧"试点名单的通知》《广东省"粤书吧"建设指引（试行）》《"粤书吧"品牌视觉基本要素系统》《"粤书吧"必备书目》等文件，指导"粤书吧"试点建设，规范建设与服务。

经各地推荐，省文化和旅游厅确定了广州市南沙花园酒店"粤书吧"、深圳求贤阁分馆"粤书吧"等 86 家书吧作为首批试点，覆盖全省 21 个地级市。根据省财政厅《关于下达 2020 年省财政补齐人均公共文化财政支出短板奖补资金任务清单及绩效目标的通知》及省文化和旅游厅《关于落实 2020 年省财政补齐人均公共文化财政支出短板奖补资金任务清单及绩效目标的通知》等文件，广东省对各地"粤书吧"建设给予不同等级的补助，推动全省"粤书吧"整体布局。

1.2　文旅合作共建，诗与远方结合

项目启动初期，"粤书吧"以"共建共享共赢"为建设理念，探索利用社会资源，发挥旅游企业市场活力，由图书馆牵头，与旅游景区、民宿、酒店及旅游交通集散地（机场、客运站等）等旅游经营单位达成合作，开创文旅融合服务空间，共建当地图书馆分馆或服务点，并将其纳入图书馆总分馆管理体系。

《广东省"粤书吧"建设指引（试行）》指出，"粤书吧"试点建设由企业自愿申报，各级文化和旅游行政主管部门从申报企业中选取试点合作单位，优先将文旅资源丰富、场所设施条件良好、经营主体积极性高的旅游经营单位作为合作建设单位。"粤书吧"资源配置来自合作双方：当地图书馆提供图书资源，并负责统一编目及人员培训；旅游经营单位负责"粤书吧"的场地建设、运营维护、书籍管理、人员管理等日常工作。双方结合试点实际，协商选取书籍目录、配送方式及借阅方式，按照书吧定位功能与建设标准协商建设管理办法，签署合作协议，遵循"粤书吧"统一建设运营管理规范，做好后期运营维护和活动推广。

在选取"粤书吧"合作建设单位时，针对不同性质的旅游经营单位，建设策略有所不同。在合作对象上，优先选取国家级/省级旅游度假区、AAAA级以上景区、四星级以上酒店、精品/主题酒店和特色民宿、汽车营地、旅游集散中心/咨询中心等旅游企业为建设企业。在建设场地上，选取50平方米（含开放区域）以上的旅游企业咨询中心、大堂前台等游客集聚的公共区域为建设场所，以共建共享改造为主，鼓励开放空间拓展。

引入旅游经营单位参与"粤书吧"建设，建设场所包括景区景点、

民宿酒店、机场车站、公园书店等地，因地制宜配置相应的阅读资源，贴近市民生活。例如，在游客停留消费时间较长或需住宿的场地，可采取实体书籍与电子书籍并存的方式建设；在游客停留消费时间较短的场地，可采取电子书籍扫码下载的便捷方式建设。

1.3 强化品牌形象，彰显文旅特色

广东省文化和旅游厅发布"粤书吧"视觉系统统一标识，所有开放运营的"粤书吧"根据建设要求，制作统一标识，由各市的文化和旅游行政主管部门参照广东省各市车牌代码对"粤书吧"进行编码管理。

对于部分地区已经建成符合"粤书吧"建设运营相关规范和标准的公共文化新空间，其相关品牌可与"粤书吧"服务品牌合作运营，如佛山市南海区西樵镇的观心小镇读书驿站挂牌"粤书吧"，佛山市逢简梁公馆挂牌"粤书吧"，实现双品牌合作，共同发展，共享管理。

为充分发挥"粤书吧"作为广东省及各地级市文化旅游宣传窗口的功能，《广东省"粤书吧"建设指引（试行）》规定，"粤书吧"的馆藏由"必备书目+自选书目"构成，每

图2-1 "粤书吧"统一标识

个书吧的展阅书籍须在1000册以上。其中，"必备书目"由省级文化和旅游行政主管部门制订发布，重点展现广东省文化旅游领域具有全省性和代表性的书籍。第一批必备书目收录了《广东：改革开放的"窗口"》《岭南十章：岭南文化简明读本》《玩转广东非遗，出发!》等35种书，书目每年动态更新。"自选书目"则由各市文化和旅游行政主管部门、"粤书吧"所属图书馆及旅游经营单位根据当地文化和旅游特色、游客阅读偏好来选择图书、期刊等资源，突出文化旅游主题，注重可读

性、休闲性读物的配置。"粤书吧"所有馆藏书刊须由所属图书馆按照公共图书馆规范标准要求进行严格把关，统一编目，数据纳入当地图书馆系统进行管理，资产根据来源分别归入所属图书馆或捐赠企业。

"粤书吧"馆藏建设原则是因地制宜、一吧一策、定期更新，每年度至少更新1次，期刊更新频率可结合实际适当提高。书刊配送方式由"粤书吧"旅游经营单位与所属图书馆商定，鼓励采取社会化的常态配送方式。对于馆藏资源的借阅，鼓励"粤书吧"旅游经营单位采用向合作图书馆申请集体借阅的方式对书刊进行管理，面向游客的借阅手续宜简不宜繁，鼓励采取共享旅游经营单位现有相关经营管理系统的方式，屏蔽设施、专用图书馆借阅管理设施及操作管理专业要求高的配置不做硬性要求，打造开放式阅读空间。

图 2-2　广州市南沙花园酒店粤书吧

1.4　一吧一特色，创新阅读体验

"粤书吧"在吸引旅游经营单位参与合作的过程中，因地制宜规划空间设计、馆藏配置及读者活动，充分考虑旅游经营单位的经营属性和当地文化特点，发掘当地文化和旅游特色，力求打造"一吧一特色"的建设布局。鼓励各地利用当地非遗、红色文化资源进行展示和宣传，形成地域特色鲜明的主题书吧。例如，位于佛山市逢简水乡的梁公馆民国书舍粤书吧依托由老宅改造而成的三层民国小洋楼，配置 1100 册民国主题文献，并以"民国故事"为主题，打造逢简梁公馆读书沙龙品牌；肇庆市图书馆打造的中游国际房车露营基地粤书吧围绕"房车文化""旅游文化"，依托房车营地、休闲咖啡吧等，打造户外阅读空间，带给游客全新的体验。

图 2-3　佛山市梁公馆民国书舍粤书吧

此外，在与专业旅游经营单位合作共建"粤书吧"时，多样化拓展文化和旅游融合路径，激发"粤书吧"更多可能性，推动实现公共文化新空间业态创新。部分选址自然景区的"粤书吧"，结合游客观光旅游的需求和心理增加相应书目，举办赏玩性质较强的交流活动，例如，韶关市下社村粤书吧便选点在田园村落地带，依托当地学校建立自然研学教育实验基地，发展"乡村旅游""修学旅游"。部分选址在非遗街区、文化艺术博物馆的书吧，如广州市越秀区海员亭粤书吧，通过开展游览红色文物建筑、阅读红色文化主题图书、参加红色主题阅读推广活动等，满足喜爱深度"文化旅游"风格的游客的需求。部分选点的建筑与空间设计融入当地文化元素，展现当地特色，例如，江门市蓬江区墟顶人家"一屋"粤书吧，位于江门发源地墟顶街区，以其特殊的地理位置和本身具备的城市记忆特点，弘扬江门侨乡特色文化，开展主题多样、具有侨乡特色的公益活动。

图 2-4 广州市越秀区海员亭粤书吧

1.5 培育特色活动，盘活社会资源

为发挥"粤书吧"活动阵地的作用，广东省文化和旅游厅提出要培育配套活动，开展"粤书吧"分享会，组织旅游达人、行业专家、非遗传承人、艺术大咖等不同领域的人士在各地"粤书吧"开展契合当地特色、宣传推广文化旅游、具有创新性和互动性的特色分享沙龙，培育旅游经营单位特色活动，让参与者享受阅读和交流的乐趣。

"粤书吧"分享会由省/市/县三级文化和旅游行政主管部门、各级图书馆及旅游经营单位共同举办，根据开展主体与活动内容及形式可划分为三类：（1）由省文化和旅游行政主管部门、省立中山图书馆①及相关行业协会/学会推荐，组织在全省文化和旅游领域具备广泛影响力的达人分享会；（2）由各级文化和旅游行政主管部门及图书馆负责，开展独具当地特色的文化分享会；（3）由"粤书吧"所属旅游经营单位负

---

① 即广东省立中山图书馆，下文同。

责，开展其他分享会，分享会活动主讲人及分享内容由"粤书吧"所属图书馆进行审核把关。

与公共图书馆开展的阅读推广活动相比，"粤书吧"的活动主题以休闲娱乐为主，活动参与者多为具有很强的流动性和随机性的游客/住客，很大程度上能够给活动主讲人和参与者双方带来新鲜的交流体验。例如，省立中山图书馆在南沙花园酒店粤书吧开展了新春国乐沙龙活动和国庆中秋亮灯仪式，通过组织非遗传承人、艺术大咖等各领域人士开展富有岭南文化气息的活动，为住客带来多层次的阅读体验。广州市白天鹅宾馆粤书吧举办了木版年画亲子体验、广州灰塑非遗技艺创作体验等系列活动，旨在让游客亲身感受中国传统文化的魅力，促进传统非遗技艺的传承和传播。

图 2-5　江门市蓬江区墟顶人家"一屋"粤书吧

1.6　注重服务质量，强化效能监管

"粤书吧"是广东省文旅融合新环境下诞生的公共文化新空间，以休闲娱乐功能为主，传统图书馆评估指标并不完全适用于"粤书吧"。按照《广东省"粤书吧"建设指引（试行）》，"粤书吧"旅游经营单位须定期上报"粤书吧"服务效能评估数据，以便各级文化和旅游行政主管部门及所属图书馆掌握"粤书吧"的运营管理情况。鼓励各地结合

实际制定科学有效的"粤书吧"服务效能评估指标，开展切合时宜的考核评估工作，推动"粤书吧"的可持续建设与发展。

《广东省"粤书吧"建设指引（试行）》提出，对于"粤书吧"绩效评估，采取"必备指标"与"自选指标"两种不同的效能评估指标。"必备指标"适用于所有"粤书吧"，包括服务人次、书刊外借册次、举办活动次数、参加活动人次等，由"粤书吧"旅游经营单位派专门的工作人员定期在广东省文化和旅游公共服务设施管理系统上填报。"自选指标"则由"粤书吧"所属图书馆结合本馆业务，与旅游经营单位商定后适当增加，以旅游经营单位可持续运行"粤书吧"为原则，求精不求多。

② 广东"粤文坊"：粤文化越美好，悦文坊乐生活

为创新拓展公共文化新空间，扩大公共文化服务覆盖面，广东省文化和旅游厅从 2022 年起，在全省范围试点开展"粤文坊"建设工作。"粤文坊"是采用全省统一标识，引入社会力量参与，面向群众开放，提供特色文化艺术服务的场所。"粤文坊"的建设，旨在推进文化惠民及群众艺术普及，提供展览展示、观摩体验、培训讲座等特色服务，延伸拓展文化馆总分馆制建设，实现文旅与其他领域的融合，多途径、多层次引入社会力量，充分撬动社会资源，建设全社会、多领域的文旅阵地和窗口，实现公共文化的共建、共享、共赢。截至 2023 年 6 月，全省共建有 32 家"粤文坊"，服务阵地不断扩大。

广东省文化和旅游厅把"粤文坊"作为体现广东特色、具有影响力的公共文化新空间品牌，构建以"粤书吧"和"粤文坊"为龙头、以地域特色品牌为支撑的公共文化新空间品牌矩阵，形成与广东经济发展实力相匹配的公共文化服务阵地。

2.1 以人为本，提升群众文化体验

"粤文坊"主要选择在交通较为便捷、人群相对密集、公共文化需求较大、周边环境友好的区域，如都市商圈、文化园区、城乡社区、景区酒店等，打造"一坊一主题""一坊一特色"的公共文化新空间。"粤文坊"以粤文化为核心，以"人"为中心，关注参与和体验，积极

打造文化艺术、休闲娱乐、文化服务等场景，丰富人们的日常生活，使人们参与其中，和艺术、空间产生互动，以可欣赏、可体验、可分享等多种创新形式，让城市空间里的文化更具体验性、传播性。①

《广东省"粤文坊"建设指引》指出，将"粤文坊"纳入共建文化馆总分馆服务体系进行管理和开展服务，应根据资源特点，提供展览、阅览、视听、培训、讲座等服务项目，每周免费开放时间不少于36小时，每年免费向当地基层公共文化单位（站、中心）、学校单位、群众团体提供文化活动场地不少于20次。此外，"粤文坊"应结合自身经营业务和资源特色，因地制宜，提供传统文化、民间艺术、特色产业、艺术普及、科学技术等相关主题的公益性、个性化文化艺术服务，其中自主举办的各类公益性免费文化活动每年不少于12场。鼓励开展观摩体验、展演培训、比赛交流等互动式、沉浸式的服务活动。

2.2　统一标识，强化文化品牌打造

全省的"粤文坊"采用统一标识，各地须按照"粤文坊"统一标识图形和标准字体规范使用。"粤文坊"标识以广东省的简称"粤"字为设计主体，采用图形化的设计方式，整体风格简洁复古，红木色的窗棂构成粤字的笔画，上面镶嵌着极富时代特征的红、黄、蓝、绿、白五色玻璃，充分体现出广东特色与地域品牌特色。②

为规范管理，《广东省"粤文坊"建设指引》要求各地"粤文坊"

---

① 南方日报. 广东奋力建设旅游业高质量发展示范省［N/OL］.［2024-08-19］. https://epaper.southcn.com/nfdaily/html/202305/19/content_10061137.html.

② 南斗文旅集团. 岭南极繁主义的回归：广东省公共文化品牌"粤文坊"VI创作［EB/OL］.［2024-08-19］. http://www.nandougroup.com/page95?article_id=451&brd=1.

参照广东省各市车牌代码进行属地编号，编号控制在501—999的范围，其中文化馆服务系列为501—799，博物馆服务系列为800—899，美术馆服务系列为900—999（例如：广州第1家文化馆服务的"粤文坊"编号为A501）①，由各地级以上市文化和旅游行政主管部门对本市"粤文坊"进行编号，定期上报汇总。标识牌的材质、尺寸等由共建社会力量经营单位结合自身场景需求，因地制宜进行制作、安置和悬挂。编号证书由共建社会力量经营单位按照各地级以上市文化和旅游行政主管部门所设定的编号及相应版式制作，在"粤文坊"明显位置展示。

图2-6 "粤文坊"统一标识

2.3 多方合作，实现共建共享共赢

为保障服务导向和质量，"粤文坊"以地级市文化馆等为主导提供服务平台，为参与共建的社会力量营造文化氛围，聚集消费活动人流，增强合作单位及其他社会组织的活力，助力全民艺术普及，推动文旅、

---

① 500以内编号供"粤书吧"使用。

演出、研学旅游等发展。② 《广东省"粤文坊"建设指引》指出，"粤文坊"建设由企事业单位及其他社会组织自愿申报，各级文化和旅游行政主管部门从中优选主题特色鲜明、场所设施条件良好、经营主体积极性高、经营守法规范、服务群体文化消费潜力大的企事业单位及其他社会组织作为建设单位，由当地文化馆负责资源管理、服务标准制定、人员培训、活动审核等，合作企事业单位及其他社会组织负

图 2-7　江门市粤文坊·启明里
招募特色商家开展友好合作①

责场地建设、运营维护、特色服务提供等。主管部门按照"特色、便利、惠民、持续"等原则，依法公开选择建设经营单位，协商签署服务保障合作协议，遵循"粤文坊"统一建设运营管理体系，做好后期运维和活动推广。

在实践中，各地"粤文坊"建设积极与景区、社区、教育机构、商圈、高校等多方单位进行合作共建。肇庆市星湖艺术馆粤文坊位于星湖国家湿地公园，结合场地特色，打造成个性鲜明、设计感强的文化艺术

---

① 江门市文化广电旅游体育局. 市文化馆倾力打造，江门首个省级"粤文坊"品牌成果献礼首发！[EB/OL]. [2024-08-19]. http://www.jiangmen.gov.cn/jm-wgj/gkmlpt/content/2/2912/post_ 2912809.html#296.

② 江门市文化广电旅游体育局. 市文化馆倾力打造，江门首个省级"粤文坊"品牌成果献礼首发！[EB/OL]. [2024-08-19]. http://www.jiangmen.gov.cn/jm-wgj/gkmlpt/content/2/2912/post_ 2912809.html#296.

空间。① 阳江市阳东区粤文坊与阳江职业技术学院共建共享，被纳入阳东区文化馆总分馆制体系管理。② 江门市粤文坊·启明里则招募多家具有文化艺术和地方经营特色的商家作为友好合作方予以授牌，共同营造粤文坊·启明里的沉浸式文化氛围。③

2.4 传承文化，顺应"国潮"文化趋势

2.4.1 因地制宜，传承本地特色文化

各地"粤文坊"因地制宜，精心策划并提供了涵盖传统文化、民间艺术及地方特色产业等多个主题的公益性文化艺术服务，不仅丰富了当地民众的文化生活，更在传承与保护本地特色文化方面发挥了积极作用，促进了本地特色文化的创新与可持续发展。河源市雅居乐·粤文坊关注河源客家文化的传承和保护，设立"客家山歌传承基地"，开展具有客家山歌特色的展演、培训、比赛、交流等各项文化服务，致力于建设具有河源特色的公共文化新空间品牌。④ 建设于江门市百年历史文化

① 腾讯网. 肇庆星湖艺术馆粤文坊，节日不打烊的主客共享文化新空间 [EB/OL]. [2024-08-19]. https://new.qq.com/rain/a/20240213A05EU400.

② 阳东区融媒体中心. 阳江首个县区级"粤文坊"揭牌 将提供特色文化艺术服务 [EB/OL]. [2024-08-19]. https://news.ycwb.com/2023-10-14/content_52264273.htm.

③ 江门市文化广电旅游体育局. 市文化馆倾力打造，江门首个省级"粤文坊"品牌成果献礼首发! [EB/OL]. [2024-08-19]. http://www.jiangmen.gov.cn/jm-wgj/gkmlpt/content/2/2912/post_2912809.html#296.

④ 河源文明网. 河源首个"粤文坊"让社区"活"起来：拓展公共新空间，扩大公共文化服务覆盖面 [EB/OL]. [2024-08-19]. http://hy.wenming.cn/gdhy06/202310/t20231001_8273746.htm.

街区启明里的粤文坊·启明里，则充分融合本地华侨特色，结合历史文化街区活化改造，将广东本土特色文化融入社区。① 汕头市华瑶社区粤文坊则关注潮州本土音乐的传承与创作，集潮州音乐培训、创作、研究、展示于一体。②

图 2-8　河源市雅居乐·粤文坊活动现场

2.4.2　挖掘传统，顺应"国潮"文化趋势

"粤文坊"顺应近年来的"国潮"趋势，在活动设计和宣传、环境营造等方面融合广东本地文化、中华优秀传统文化与流行文化元素，更贴近当下年轻人的喜好。粤文坊·梁启超故居纪念馆举办"指尖上的中式浪漫——掐丝珐琅"公益培训活动，学员们以金属丝为笔，以珐琅釉为彩，完成掐丝珐琅的每一道工序，实现对传承之美、技艺之美、匠心

---

① 江门市文化广电旅游体育局. 市文化馆倾力打造，江门首个省级"粤文坊"品牌成果献礼首发！[EB/OL].［2024-08-19］. http://www.jiangmen.gov.cn/jm-wgj/gkmlpt/content/2/2912/post_ 2912809. html#296.

② 刘文钊. 做好"特、美、聚"文章 赋能城乡区域协调发展［N］. 汕头日报，2024-01-19［2024-08-19］. http://strb. dahuawang. com/content/202401/19/c151111. htm.

之美的再认知，感悟历史文化脉络。① 珠海市北山三时茶馆粤文坊由具有200多年历史的老屋改造而成，每逢周末都有相声、评书等文艺演出，每个月还会举办一场涉及名家讲座、艺术交流、民俗演绎、茶会、古琴斫琴及演奏、脱口秀等内容的公益文化活动，同时开展观摩体验、展演培训、比赛交流等互动式、沉浸式的服务活动。② 茂名市粤文坊·扬墨风华书院则以"见文解字"为主题，融入书法、香道、茶道和特色阅读（粤语、吟诵）、非遗及文化研学等特色主题活动。③

图2-9 "指尖上的中式浪漫——掐丝珐琅"公益培训活动现场

---

① 江门市文化广电旅游体育局. "九九重阳·岁岁平安"2023年粤文坊文化艺术创意课程："指尖上的中式浪漫——掐丝珐琅"公益培训［EB/OL］.［2024-08-19］. https://www.jiangmen.gov.cn/bmpd/jmswhgdlytyj/zwgk/gzdt/content/post_ 2956073.html.

② 广东省人民政府. 拓展新型公共文化空间 扩大公共文化服务覆盖面 珠海首个"粤文坊"让老屋"活"起来［EB/OL］.［2024-08-19］. https://www.gd.gov.cn/zwgk/zdlyxxgkzl/whjg/content/post_ 4037828.html.

③ 广东省文化和旅游厅. 茂名市首个"粤文坊"揭牌开放［EB/OL］.［2024-08-19］. https://whly.gd.gov.cn/news_ newdsxw/content/post_ 4061153.html.

2.5　嵌入社区，激发活力融入生活

2.5.1　以文载旅，激发社区发展活力

在保护好原有文化遗产和加强历史文化保护传承的基础上，"粤文坊"引入各类富有特色的餐饮、文创体验、音乐创作等业态，有效推进商业、旅游、文化的深度融合，为传统社区注入新活力。例如，江门市粤文坊·启明里通过文旅结合、商旅结合等多元化的公共文化建设形式，让古老的侨村启明里焕发新活力，有效聚集人气。自建立以来，粤文坊·启明里的商家在2023年合作开展了"粤文化 越美好"百年侨村沉浸式夜游嘉年华等32场活动。开展各项活动期间，粤文坊·启明里吸引了10万余人的流量前来参观、打卡，通过各种宣传报道、网络转发、直播等形式传播，网络总点击量高达100万余次。①

图2-10　江门市粤文坊·启明里新春文化系列活动现场

① 江门市文化广电旅游体育局. 市文化馆倾力打造，江门首个省级"粤文坊"品牌成果献礼首发！[EB/OL]. [2024-08-19]. http://www.jiangmen.gov.cn/jm-wgj/gkmlpt/content/2/2912/post_ 2912809. html#296.

2.5.2 嵌入社区，融入文化生活

"粤文坊"因地制宜推动公共文化新空间建设，注重将公共文化资源下沉到社区，融入群众生活，满足城乡居民对高品质文化生活的期待，逐步完善便利、均等、高效的公共文化服务体系。例如，河源市雅居乐·粤文坊所在的雅居乐社区是市区内交通便捷、人群密集、公共文化需求较大的社区。粤文坊开放后为附近6万多名群众及学校单位、群众团体提供了文化活动场地和特色文化艺术服务，成为雅居乐及周边社区群众的文化、娱乐、活动中心；已开设美术、书法、广场舞、葫芦丝、客家山歌等10多个培训班，邀请市文化馆公益教师队伍进行授课，让社区居民免费享受专业的教学课程，累计培训学员超过3000人。①

图 2-11　河源市雅居乐·粤文坊年度成果汇报演出现场

---

① 河源文明网. 河源首个"粤文坊"让社区"活"起来：拓展公共新空间，扩大公共文化服务覆盖面［EB/OL］.［2024-08-19］. http://hy. wenming. cn/gdhy06/202310/t20231001_ 8273746. htm.

节日期间，各地"粤文坊"更成为群众体验文化活动的好去处，深度嵌入百姓节庆生活。2023年春节期间，清远市文化馆·卡卡松堡粤文坊举办的"少儿美术手工艺展"等活动为群众提供了丰富多样的新春文化惠民大餐。① 江门市粤文坊·启明里的新春文化系列活动也持续上演，江门市粤剧传习所带来的"迎兔年新春粤剧专场"等活动，让市民、游客在一场场多元化的艺术视听盛宴中共度新春佳节，在百年古村中沉浸式体验侨乡人文风情的意趣，感受精彩纷呈的文化烟火气。

---

① 广东省文化和旅游厅."粤新年·粤美空间"趣游文化空间，打卡文化新春 [EB/OL]. [2024-08-19]. https://whly. gd. gov. cn/news_ newzwhd/content/ post_ 4084190. html.

3 广州市"花城市民文化空间"：塑造大文化理念，点亮生活之美

公共文化新空间作为城市重要文化载体，不仅提升了城市的文化特色和文化品位，还彰显出城市的文化内涵和文化自信。为贯彻习近平总书记考察广东重要讲话和重要指示精神，落实文化和旅游部、国家发展改革委、财政部《关于推动公共文化服务高质量发展的意见》，文化和旅游部《"十四五"公共文化服务体系建设规划》，《广东省文化和旅游发展"十四五"规划》，《广州市文化和旅游发展"十四五"规划》等文件要求，进一步鼓励和引导社会力量参与公共文化服务，丰富公共文化产品和服务供给，广州市文化广电旅游局利用文化和旅游发展专项资金，专门设立"新型公共文化空间展示项目"，按照空间视觉美、服务效果好、运营模式新的标准，综合选取由社会力量参与运营建设的公共文化服务空间，给予专项资金扶持，将其打造成具有广州特色的公共文化新空间品牌——"花城市民文化空间"，提供个性化、特色化、多元化的公共文化服务，打通文化惠民的"最后一公里"。

全市选取、打造"花城市民文化空间"共 63 处，以"大文化"理念推进公共文化新空间的建设和融合发展，内容涵盖图书、艺术、动漫、自然、军事、历史等众多主题，形态多样、边界开放、内涵丰富。"花城市民文化空间"如一个个活力四射的"文化小宇宙"，让人们在多样体验中充实闲暇时光，分享创意灵感，在更多的交流和共享中提升城市的温度，也让"文化"与"产业"携手前行，良性发展，成为广州市公共文化服务体系和公共文化共同体的重要组成部分。

3.1 政府主导统筹，建设管理标准规范

广州市文化广电旅游局、发展和改革委员会和财政局联合印发了《关于推进现代公共文化服务高质量发展的实施意见》，提出在滨江沿岸、都市商圈、产业园区、交通枢纽等场所打造一批融合图书阅读、艺术普及、培训展览、轻食餐饮等功能，充满设计感和美学品位的"花城市民文化空间"，实现传统公共文化设施向公共文化新空间转型。《广州市文化和旅游发展"十四五"规划》《关于在全市开展"公共文化共同体"建设的实施意见》等政策文件均提出要支持和引导公共文化新空间建设。《广州市公共文化设施社会化运营指导意见（试行）》明确鼓励通过委托管理、项目补贴、定向资助等多种方式，推动社会力量参与公共文化设施运营、活动项目打造、服务资源配送等，提高运营效率和服务水平，促进形成良性的自我发展机制，推动公共文化服务与文化消费同步提升。

图 2-12　番禺广场地铁站内的阅读者

同时，广州市文化广电旅游局专门编制了《花城市民文化空间建设工作指引》，明确规定"花城市民文化空间"建设管理要求。一是严把评审关。委托第三方组织邀请广州专家智库成员对"花城市民文化空间"项目进行立项评审和年度审核。二是严把经费关。明确空间专项扶持经费使用要求，建立定期报告机制，结合评估考核及准入退出机制，对不符合经费使用要求或评估不达

要求的空间责令改正，并视情况收回。三是加强常态化管理。将空间纳入区域内图书馆或文化馆总分馆体系，实现图书通借通还、文化活动资源配送、数字资源共享等功能，丰富空间服务内容。四是组织开展全市联合指导，广州市文化馆、图书馆定期针对各类型空间的不同特点进行分类指导和培训，提升空间服务软实力。五是定期总结提升。召开"花城市民文化空间"工作会议，编制《花城市民文化空间年度报告》，加强对优秀案例的宣传推广，做好经验总结。

3.2 广纳多方资源，以"大文化"理念融合发展

"花城市民文化空间"是满足和适应城乡居民对高品质文化生活期待的创新服务空间品牌。其建设理念是汇聚多方资源，在"大文化"背景下进一步扩大传统公共文化设施网络体系的覆盖面和受益面，引入社会力量共同开展全民阅读、艺术普及等公共文化服务。在形式载体上，创新融合旅游观光、轻食餐饮、创意设计、便民服务、社会治理等诸多功能。

天河智慧城的天河湿地文化角，汇集了与亨美术馆、天河区图书馆天河科技园分馆等文化资源，既能阅读看展、又能赏景品饮的开放氛围让其成为周边年轻人的最爱，也有效地将周边"上班族"的工作和休闲需求连接起来。后山当代艺术中心是政府、社会共建的艺术名家工作室，由废弃公园管理用房改建而成，是一个不以营利为目的、面向公众开放的文化艺术中心。广辉广彩传承和人才实践基地作为集国家级代表性传承人谭广辉的广彩工作室、人才培养基地、广彩展厅、非遗技艺体验馆于一体的花城市民文化空间，不仅将广彩瓷烧制技艺送进社区、街道、学校、企业，为社会提供公共美学服务，还将市民及游客请进空间学习、体验，探寻非遗之美、非遗之乐。

图 2-13　天河湿地文化角

图 2-14　后山当代艺术中心

3.3　空间特色鲜明，建设模式不拘一格

　　空间视觉美是"花城市民文化空间"的基本特色，而运营模式新颖、功能融合度高、服务效果好则是"花城市民文化空间"的重要指标和要求。逵园艺术馆花城市民文化空间是率先以文物建筑为载体展示推广当代艺术和大众艺术的文化机构，激活了广州本土文化业态，带动文化产业创新，为同类建筑片区提供了活化方向与模式，是"模式创新者"的典型代表。广东岭南工艺美术馆海珠馆藏有国家级大师、省级大师和非遗代表性传承人的玉雕、木雕、石雕、端砚、陶瓷和刺绣等各类精品数百件（套），不定期策划举办主题展览、学术研讨、沙龙讲座、

培训研学等活动，丰富市民的非遗文化生活，弘扬优秀的岭南工艺美术。① 南沙区文化馆艺术主题分馆则融合艺术展览展示、文化观摩体验、文化交流活动、艺术沙龙讲座、艺术研学、艺术创作等特色文化类公益活动，自 2023 年成立以来，已成功组织数十场展览、音乐交流会、艺术培训等活动，服务群众近 3 万人次，充分体现了"花城市民文化空间"的影响力和效果。

一个个特色鲜明而又美感十足的"花城市民文化空间"，其共建共享的模式、丰富的内涵及强大的功能，拓展了公共文化服务阵地，吸引城乡居民走进这些文化场所，从而丰富群众文化生活，充分激发城市文化活力，有效提高城市文化软实力。

---

① 中国广州发布. 广州这些避世艺术空间，每一个都很独特［EB/OL］.［2024-08-19］. https://www.thepaper.cn/newsDetail_ forward_ 21695530.

4 广州图书馆社会力量合作共建分馆：完善机制，引导政社有序合作

2015 年开始施行的《广州市公共图书馆条例》第六条规定："鼓励和支持国内外自然人、法人或者其他组织兴办公益性图书馆，与公共图书馆合作提供或者单独提供公益性阅读服务。"以此为契机，广州图书馆积极探索社会力量参与图书馆建设新思路，以小额财政撬动社会力量大额投入，吸引社会力量合作共建分馆。之后又根据国家、省、市陆续发布的文化和旅游部、国家发展改革委、财政部《关于推动公共文化服务高质量发展的意见》，文化和旅游部《"十四五"公共文化服务体系建设规划》，广州市文化广电旅游局、广州市发展和改革委员会、广州市财政局《关于推进现代公共文化服务高质量发展的实施意见》等文件要求，并结合《广州市"图书馆之城"建设五年行动计划（2022—2026）》，更加强调社会力量参与公共图书馆服务供给的重要作用，并在服务中不断摸索与完善社会力量参与的模式及途径。在与社会力量合作建设分馆的过程中，社会力量主要负责分馆建设、日常运营等，保障馆舍、人员等要素投入；公共图书馆主要负责人员培训、技术平台接入等，保障馆藏文献等要素投入。每个社会力量合作共建分馆均配备了与分馆面积以及服务人群相适应的文献资源、自助借还设备，提供图书借阅、书目查询、电子阅览、无线网络等服务，均被纳入全市通借通还服务网络。

截至 2023 年底，广州图书馆与社会力量合作共建分馆数量已达 33 个，分馆建筑面积合计 2.08 万平方米，馆藏总量 53.35 万册（件）。

2023 年接待读者 70.02 万人次，外借文献 60.39 万册次，举办读者活动 366 场，成效显著，有效带动广州市各区图书馆积极与社会力量合作共建分馆。这一建设方式在运行之初即受到业界充分肯定，先后获中国图书馆学会举办的全国第一届公共图书馆创新创意征集推广活动"最佳青年创新奖"、第三届广东省图书情报创新服务奖，并在"公共文化建设现场"——2018 广东公共文化研讨会上入选优秀案例。

4.1 建立开放合作机制，政社驱动双向供给

社会力量的加入，为广州市公共图书馆服务体系注入了新鲜血液和创新活力。广州图书馆每年面向社会公开发布"伙伴计划"，建立开放性平台机制，盘活图书馆资源及社会资源，激发社会力量的参与热情。为更好地引导社会力量有序参与图书馆分馆建设，广州市先后出台《广州市公共图书馆与社会力量合建分馆工作指引》《关于全面推进我市公共图书馆总分馆制建设的实施意见》《广州市公共文化设施社会化运营指导意见（试行）》《关于推动文化旅游高质量发展"六大行动"工作方案》《花城市民文化空间建设工作指引》等政策文件，为社会力量参与公共图书馆分馆建设提供了可操作的明确指引，对社会力量建馆的建设、管理、运营进行科学设计、合理引导，确保有策可依、有章可循，建立公共图书馆与社会力量合作共建分馆的长效合作机制。

参与广州图书馆合作共建分馆的机构类型丰富多样，包括餐饮企业、地铁集团、教育机构、高职院校、福利院等。在吸引社会力量合作共建分馆的同时，广州图书馆鼓励合作共建分馆保留原有机构的服务特性，实现跨界融合，为读者提供丰富多元的阅读体验。例如，广州图书馆与广州城市职业学院合作共建自助图书馆，同时面向校内师生与社会大众免费开放，是公共图书馆与高校合作的有益尝试。广州图书馆城际

花都站自助图书馆设置在广清城际花都站二楼候车厅，结合车站服务特点专门配置了关于旅游、广府文化等方面的主题图书，推进公共文化和旅游的深度融合发展。广州图书馆与广州市儿童公园合作建设儿童青少年主题分馆，依托儿童公园资源条件，创建了"书香公园"，重点满足少年儿童的阅读需求。广州图书馆中国家具文化主题分馆的定位是中国家具文化和相关传统文化艺术主题资料馆，除了提供综合性图书，艺术馆自身收藏的红木家具类臻品藏书也被纳入系统进行管理和保存，这些珍贵的家具设计专业资源免费供群众阅览和研究，为家具研究与设计者提供专业服务。

广州图书馆与社会力量合作共建分馆，以群众需求为导向，充分发挥图书馆与社会力量的资源优势，通过图书馆与社会力量的双向驱动，以多种方式丰富公共文化产品供给。一方面，广州图书馆通过向社会力量购买服务，明确举办活动的时

图 2-15　广州图书馆艺术主题分馆的
"意大利新生代儿童插画展"

间、场次、参加人次等指标，委托第三方供应商在分馆定期开展阅读推广活动，活动内容立足于当地自主创新品牌打造和人员培养，如联合各分馆开展的系列主题活动，或者针对传统节日组织的特定主题活动等。此外，广州图书馆不定期组织馆内业务骨干到分馆开展阅读推广活动，将图书馆品牌活动资源下沉到基层。另一方面，结合社会力量运营方资源特色与读者需求，开展特色品牌读者活动。例如，广州图书馆艺术主题分馆（又名广州图书馆 T.I.T 智慧园）以时尚艺术主题为特色，2022

年开馆以来，基本每月安排一次"穗阅艺术"特色品牌活动，活动艺术形式多样，包括非遗文化类的"景泰蓝掐丝"、手工制作类的"纸艺康乃馨"、传统艺术类的"浮雕绘画"等，凸显分馆的艺术主题特色；此外，联动举办"意大利新生代儿童插画展"等展览，为分馆营造浓郁的现代艺术氛围。丰富的艺术主题资源为广大读者及艺术爱好者搭建起一个现代新型的阅读、学习、文化和艺术交流的空间和平台。

4.2 规范合作共建流程，提升管理专业水平

广州图书馆根据《广州市公共图书馆条例》及其配套制度相关规定，制定了《广州图书馆直属分馆建设办法》和《广州图书馆直属分馆管理和服务办法》，明确规定分馆的馆舍面积、阅览面积、开放时间、服务功能、服务空间设施、馆藏量、工作人员配备等建设要求，对社会力量实行标准化建设。对于部分面向特定群体开放的分馆，也制定了针对性的建设标准。广州图书馆在总结建设经验的基础上，形成了规范高效的建设流程：（1）社会力量合作方提交《广州图书馆分馆设立申请表》；（2）图书馆组织实地考察并向馆部报告请示；（3）图书馆与社会力量双方确定合作意向并签署合作意向书；（4）共同起草分馆建设方案；（5）签订分馆建设协议；（6）组织实施分馆建设。

为加强社会力量合作共建分馆的统一管理和专业服务，广州图书馆于 2015 年增设中心图书馆办公室，组建专业人才团队，专门负责分馆建设和管理。其主要职能，一是建立供分馆调配的专门书库，结合读者需求进一步科学配置各分馆馆藏，每月 1—3 次定期配送，更新分馆文献资源；二是通过购买服务的方式招聘工作人员并派驻至部分分馆作为业务馆长，专职负责分馆的运营和管理，同时建立外派分馆馆员业务考核评估机制，从制度和业务标准上提升分馆的服务能力及服务效益；三

是建立常态化的分馆人员培训机制，一方面开展专题培训，对分馆人员进行岗前培训，另一方面组织分馆人员参加全市公共图书馆新入职人员培训班及全市公共图书馆从业人员培训班。

4.3　创新空间设计理念，打造高颜值舒适空间

广州图书馆与社会力量合作共建分馆创新空间设计理念，打破传统的图书室、阅览室布局，从人性化角度出发，结合现代空间美学进行设计，具有环境优美、舒适度高的特点，为群众创造了高颜值的阅读休闲空间。

各分馆结合社会力量提供的场地特征，开展场馆空间设计，打造有特色、有主题的社会力量合作共建分馆。南海天河城分馆位于佛山南海金融城广场天河城综合商场的中心位置，是广州图书馆、佛山图书馆及商场物业方（社会力量）共同建设的

图2-16　广州图书馆星汇云城分馆富有艺术感的内景

第一个广佛同城图书馆，可实现广佛两地读者系统对接、双城图书自由借还，是广州图书馆重点打造的服务于两地居民的无缝衔接的公共文化新空间，极大地提升了公共图书馆的社会影响力。广州图书馆与小区物业合作建设的星汇云城分馆建筑面积为500平方米，其美轮美奂的建筑特色和富有艺术感的空间布局充满文艺气息，被众多阅读爱好者誉为"最文艺社区图书馆"。

4.4 提升行业地位影响，扩大图书馆社会影响力

广州图书馆南海天河城分馆、艺术主题分馆、地铁番禺广场站分馆等新型空间的设立，打破了传统图书馆分馆的建设方式，其高颜值的设计、高标准的服务受到社会媒体的广泛关注，并荣获多项奖项，吸引众多市民走进图书馆，全面提升了公共图书馆的社会影响力。例如，广州图书馆广州湾区中央法务区分馆面积约1000平方米，整体设计庄重、大气而又不失舒适感，走进分馆大门，首先映入眼帘的是直达二层的圆弧书墙，庄重肃穆的法政氛围油然而生，来到窗边，走向二楼，灵动温馨的空间设计让读者感到舒适而放松。南海天河城分馆先后入选中国图学学会发布的 2021 年特色阅读空间风采展示活动之"文旅融合空间"名单、2021 年度广东省文化和旅游厅公共

图 2-17　广州图书馆广州湾区
中央法务区分馆

文化服务优秀案例，荣获"2023 十佳高颜值图书馆"等奖项。灵活多样的社会力量参与建设的模式，大大拓宽了公共文化服务阵地的建设路子，构建了更加多元和丰富的服务供给格局。

广州市黄埔区"埔书房"：因地制宜，合作共建，赋能地区发展

5

2015 年 9 月，广州市区划调整，新黄埔区成立，全区面积 484.17 平方千米，辖 16 个街道和 1 个镇。新黄埔区以城乡接合部为主，既有新老城区居民生活集聚区，也有众多不同类型的产业园区，合并之初，黄埔区文化基础发展不平衡，差距相对明显。为解决资源孤岛、供给侧资源不足、运行效能低等问题，2016 年，黄埔区图书馆以图书馆总分馆制建设为抓手，围绕建设现代公共文化服务体系为目标，在"政府主导、社会参与"的图书馆总分馆制服务体系建设上进行实践探索，创新性地提出了"政府资源补给+企业自主运营+社会力量参与"的分馆建设与管理理念，构建"总馆+分馆+服务点"三级图书馆服务空间网络布局，因地制宜建设融合当地特色与条件的分馆或服务点。经过多年实践探索，黄埔区已形成了全社会共同参与公共图书馆总分馆服务体系建设的局面，以均等化、多元化、品质化推动"图书馆之城"建设，打造各类型的公共文化新空间"埔书房"，形成可复制、可推广的经验和做法，以及图书馆总分馆制建设的"黄埔模式"。

截至 2024 年 3 月，黄埔区已建成总馆 1 个，直属分馆 2 个，街镇（社区）分馆 20 个，与社会力量合作共建分馆/服务点 57 个，"馆校合作"校园服务点 110 个，村（社区）综合性文化服务中心 144 个，智慧交通阅读驿站 115 个，以及职工书屋 100 多个，累计 500 多个类型丰富、覆盖面广的公共阅读空间，达到每 7000 人拥有一个图书馆的世界领先水平。其中，为满足普罗大众的文化需求，黄埔区图书馆根据区域物理

空间布局，把街镇（社区）分馆、与社会力量合作共建分馆/服务点、"馆校合作"校园服务点等187个公共文化新空间统一命名为"埔书房"。

"十三五"时期，黄埔区以社会主义核心价值观为引领，全面推动公共文化服务高质量发展，撬动社会各界参与公共文化事业建设，形成了由政府主导、社会力量参与的现代公共文化服务体系发展新格局，以文化软实力为推动城市文化综合实力出新出彩和优化营商环境提供支撑，受到社会各界的关注和肯定。"十四五"时期，跨界融合、深度融合的社会化供给是推进黄埔区公共文化服务高质量发展的重要路径，而双向赋能则是融合和社会化可持续发展的现实逻辑。因此，黄埔区通过"鼓励社会力量参与公共文化建设—文化建设赋能城市经济、教育、科技发展—吸引更多社会力量参与公共文化建设"的循环持续建设和管理思路，培育共建、共享、共赢的社会化服务供给创新模式，打造公共文化赋能幸福城市新样板。

5.1 政府主导，政策保障，筑牢"1+3+N"服务体系

黄埔区在建设"埔书房"的过程中，广东省、广州市及黄埔区三级财政联合保障，共同推动图书馆总分馆体系的建设与发展。省级层面，广东省文化和旅游厅给予黄埔区总分馆建设一次性奖励资金50万元；市级层面，广州市文化广电旅游局2016年下拨700万元专项资金用于黄埔区总分馆文献资源采购，2018年下拨110万元用于镇街（社区）分馆专业化改造及村（社区）综合文化服务中心试点建设；区级层面，黄埔区文化主管部门根据区情，精准发力，高起点地规划图书馆总分馆体系建设的顶层设计。2016年起，黄埔区先后发布《黄埔区人民政府办公室关于印发〈广州市黄埔区人口发展和基本公共服务体系建设"十三五"

规划〉的通知》《中共广州市黄埔区委办公室 中共广州开发区工委办公室 广州市黄埔区人民政府办公室 广州开发区管委会办公室关于印发〈广州市黄埔区广州开发区建设文化强区新三年行动计划（2018—2020年）〉的通知》《黄埔区人民政府办公室关于印发〈黄埔区建设现代公共图书馆服务体系工作方案〉的通知》等规划和配套制度，区文化主管部门先后出台《黄埔区基本公共文化服务实施标准（2019—2020年）》《黄埔区社会力量合作共建图书馆、文化馆分馆工作指引》《黄埔区图书馆、文化馆企业分馆日常运营补助》等指导性文件，保障黄埔区公共图书馆事业的稳步发展。2016年4月、5月，黄埔区图书馆先后成为广东省、广州市首批总分馆制建设试点单位。为更好落实省、市图书馆总分馆制试点建设要求，黄埔区委、区政府高度重视，把图书馆总分馆服务体系建设列入了当年政府工作改革要点；从2017年开始，连续多年把图书馆总分馆制建设列入区十件民生实事。2017年4月，黄埔区通过广东省首批图书馆总分馆试点验收并转为示范地区进行推广；2018年3月，通过广州市首批公共图书馆总分馆服务体系建设试点验收；2018年9月，获得"广东省县级图书馆总分馆制试点建设示范地区"称号。

黄埔区具有产业园区集聚、人口流动频繁、外来务工人员多的特点，在"双循环"发展新格局下，文化需求呈现出与经济协调发展的新特点，这对公共图书馆服务供给提出了更高要求。黄埔区围绕区域发展战略定位，为优化营商环境、赋能经济发展提供文化软支撑。2018、2021年广州市黄埔区人民政府联合广州开发区管委会先后出台《广州市黄埔区 广州开发区促进文化旅游产业发展办法》1.0版本、2.0版本的扶持奖励政策，其中提到，鼓励社会力量积极参与公共文化设施建设，对企业或机构新建的图书馆，以及面向群众开放图书馆的企业，经评审达到相应服务效能者，按固定资产投资额（不含土地购置费、土地使用费）的30%给予最高200万元的一次性补贴。

5.2 因地制宜，一馆一策，打造"图书馆+""埔书房"

5.2.1 镇街（社区）分馆，融合地域特色打造"埔书房"

为了把地方历史文化元素融入"埔书房"这类公共文化新空间，黄埔区图书馆依托镇街文化站图书室，因地制宜，与镇街地域文化充分融合进行建设，唤起居民对城市更多的认同感和归属感，留住记忆，记住乡愁。例如，黄埔街荔园分馆由图书馆与街道、社区、学校四方共建，用集装箱的建筑形象保留港口印记，成为首个文教融合典范；大沙街分馆在保留祠堂传统建筑风格的基础上，让"横沙古风，悠悠书香"得以传承；萝岗街香雪绘本馆结合香雪文化特点打造，深得群众喜爱；龙湖街分馆建在商圈，为消费者提供文化阅读空间，给群众带来舒适的阅读新体验，深受居民的喜爱和好评。2022 年 7 月开始运营至 2023 年底，黄埔区采用社会化全面委托运营的镇街（社区）分馆已接待读者 29.73 万人次，借阅量为 34.25 万册次，成为黄埔区知识城片区一张靓丽的文化名片。

5.2.2 社会力量参与共建，打造复合型阅读空间"埔书房"

黄埔区图书馆按照"一馆一策"的建设思路，与社会力量合作共建分馆，每个分馆由政府一次性投入 15 万—20 万元的启动建设资金，合作共建单位提供剩余所需资金；由黄埔区图书馆提供 3000—15000 册纸质文献，以及电子文献、活动资源和技术支持，每年 2000 册纸质文献轮换更新。合作共建单位提供场地资源及管理人员，社会力量按照区域总馆的管理要求自主运营、管理图书馆。每个分馆建设均因地制宜，因

图 2-18　"埔书房"——龙湖街分馆阅览区

需而设，因需而建，因需服务，并结合企业的各种资源及经营特点，建成具有独特文化、服务项目的主题分馆。

除了利用图书资源、数字资源开展借阅和阅读活动的基本服务外，各分馆还积极探索特色服务。例如，华新园分馆作为首个黄埔企业园区示范性分馆，2016 年 11 月 11 日投入运营以来一直坚持"没事来书吧，有事找书吧"的建设理念，让每个人都有理由走进图书馆；同时，以服务企业孵化、创业人才及周边居民为特色，满足用户的工作、学习、休闲等各种需求。4 年之后，华新园分馆成功复制了另一个"埔书房"——玉树华新园分馆，服务特色是以开设知识产权工作站为周边园区提供知识产权辅导服务。又如，党建主题服务型的创新基地分馆、金融科技服务型的缘创咖啡分馆、文化科技龙头企业型的励弘文创旗舰园分馆、孵化特色服务型的莱迪分馆、服务外来务工人员公寓型的乐飞家园分馆、中医主题的白云山中一药业分馆、商业楼盘公建配套型的万科山景城分馆、军工文化主题的 4801 分馆、生物医药主题的 BIO 分馆、音乐主题的沐枫分馆、艺术主题的归谷分馆、提供沉浸式亲子阅读服务和舞台剧的瑜源分馆，以及无纸化的纳金科技分馆等 57 个社会力量合作共建分馆/服务点，这些建在产业园区的"埔书房"以其独具特色的服务方式，为近 30 个产业园区、数千家企业及周边居民提供高质量的公共图书馆借阅服务，有效扩大了园区内及周边民众的阅读供给，赋能企业创新创业和园区文化发展。正如中山大学张靖教授在"国家文化遗产与文化发展学术研讨会（2022）"上发表的主题报告《当图书馆遇上产业园区——社会力量参与公共文化高质量发展的黄埔故事》中的总结，"埔书房"是颜值高、人气旺、特色显的宝藏图书馆。

图 2-19 "埔书房"——黄埔区图书馆莱迪分馆

5.3 创新运营模式，激活社会力量参与，撬动更多社会资本投入

社会力量共建的"埔书房"，除企业园区出于自身需求、自愿合作之外，更重要的是在政府主导作用下，黄埔区图书馆创新建设运营模

式，采用"政府资源补给+企业自主运营+社会力量参与"，有效推动了社会力量的广泛积极参与，撬动了社会力量在资金、空间、资源等方面的有效投入。截至2023年底，政府用894.46万元的财政投入，撬动社会资金7454.42万元参与公共图书馆设施的建设。

此外，黄埔区图书馆还在公共文化设施运营管理上做文章、下功夫，建立多种管理机制保障分馆的长效运营。主要有两种策略，一是以企业、企业园、工业园区合作共建为主的企业自主运营策略，如华新园分馆、人才小镇分馆、励弘文创旗舰园分馆、沐枫分馆、归谷分馆等26个社会力量合作共建分馆，由政府提供启动资金、文化资源，园区提供场地、建设资金进行自主运营，助力园区众创空间和企业孵化器载体建设；二是由园区委托第三方的运营策略，如万科山景城分馆、莱迪分馆等，引入第三方机构运营场馆设施、开展阅读推广服务等。

图2-20 "埔书房"——黄埔区图书馆人才小镇分馆

5.4 强化终端服务，增强造血功能，丰富"埔书房"服务业务

为切实发挥社会力量合作共建分馆的服务效能，黄埔区图书馆还以群众需求为导向与社会力量联结，积极与社会力量探索共育公共阅读推广服务新路径；并通过合理配置和共享社会力量资源，提升社会力量自我造血功能。如此一来，可以让社会化运营的优质产品得到输出，弥补政府优质文化产品供给不足的弱势，让阅读空间的"生态"有更多外延与想象空间，助力区域经济发展，优化营商环境，进一步推动黄埔区公共图书馆事业高质量发展，满足人民群众对美好生活的新期待。

实践中，黄埔区图书馆联合社会力量采用"嵌入式"服务，以总馆统筹实现管理八个统一，即统一图书采编、统一服务规范、统一业务培训、统一资源配送、统一业务平台、统一标志标识、统一设施标准、统一街道分馆人员管理。打通文献资源物流配送渠道和阅读推广活动配送服务通道，将文献资源和阅读推广活动配送到分馆。例如，瑜源分馆结合参与合作共建企业的主营业务——亲子舞台剧，配备沉浸式戏剧舞台，集户外花园阅览区、戏剧舞台区、戏剧展览区于一体，打造出广东首个儿童戏剧主题图书馆；通过营造浓烈的艺术氛围和"文化味"，把阅读搬上舞台，为群众提供感受艺术、享受生活、分享智慧的文化艺术场所，为园区企业创收增效。2019年起，黄埔区文化广电旅游局针对社会力量合作共建分馆开展日常活动配送，为分馆免费配送休闲讲座、阅读分享等12种文化活动，推动辖区内社会力量合作共建分馆日常运营常态化发展，发挥社会力量合作共建分馆的服务终端作用，满足附近居

民、企业员工对阅读、艺术活动的需求。① 2020 年，黄埔区文化广电旅游局对活动内容和形式进行优化提升，为企业员工、读者提供六大系列 1000 多场的公共文化活动，丰富群众精神文化生活。

此外，社会力量合作共建分馆还根据各分馆资源条件提供特色服务，如私董读书会、图书售卖、文创销售、咖啡简餐、亲子话剧（舞台剧）、烘焙培训等。华新园分馆的运营团队就是企业园区的运营管理者，他们直接进驻馆内办公，成为馆长、图书馆管理员，在图书馆内为园区人员提供产品展示、商务交流、技术对接、政策咨询、技能培训等特色服务，为所在园区及园区员工提供丰富的服务内容和服务形式。瑜源分馆的运营团队有自己的话剧团，每周三会在馆内举办免费的公益亲子话剧表演活动，为群众提供视觉盛宴，丰富图书馆的服务内容。

黄埔区图书馆联合社会力量采用"多元式"服务方式，为"埔书房"开辟服务新领域。例如，打造"黄埔有故事"文化品牌，举办"黄埔有故事"系列活动，出版系列丛书，唱响黄埔创业和营商环境好政策声音；"埔阅万家"品牌活动聚焦人才招聘与培养、企业经营与发展等方面，着力于解决企业痛点，邀请行业专家开展各类主题课程培训，厚植企业发展沃土。同时，企业反哺公共阅读，利用社会资源优势，建立中小企业志愿服务队、法律服务工作站等服务团体/平台，开放园区并提供免费咨询。企业自主开展多元文化活动服务，辐射至周边社区居民，这类"埔书房"有易翔科技园分馆、莱迪分馆、中新智慧园分馆、玉树华新园分馆等。此外还助力乡村振兴，例如，迳下村惠农中心把乡村图书馆与信息咨询、旅游导引等服务结合，为乡村振兴培根铸魂。

----

① 广东省文化馆. 广州 | 黄埔为社会力量分馆配送活动［EB/OL］.［2024-08-19］. http://www.gdsqyg.com/agdzxdt/unitsinfo?id=2019101014092354.

5.5 赋能营商环境，提升服务效能，激发城市发展活力

黄埔区图书馆贯彻落实开放共享的理念，统筹各领域资源，实现融合创新，建成的"埔书房"赋能营商环境，与城市同频共振，推动公共文化服务高质量发展和区域发展。所在的广州市每年的民生实事兑现到位，人民群众获得感、幸福感、安全感明显增强，蝉联"中国最具幸福感城市"。

2022年，黄埔区图书馆获"第九届全国服务农民、服务基层文化建设先进集体"称号。龙湖街分馆、瑜源分馆、莱迪分馆、联创空间分馆、人才小镇分馆、万科山景城分馆获"花城市民文化空间"称号；广州市黄埔区开元学校、北京师范大学广州实验学校获"最美馆校合作阅读空间"称号；多个分馆先后获得广州市首批"最美基层公共文化服务空间""最美未成年人阅读空间""最佳空间文化设计奖""最佳视觉设计奖"等称号。黄埔区连续2年获评全国经开区营商环境指数第一，连续2年荣膺"中国营商环境改革创新最佳示范区"。黄埔区图书馆秉持为企业生产服务的理念，为区域经济发展和营商环境赋能，擦亮营商环境改革名片，品牌活动媒体曝光量累计超7亿次。

2016—2023年，黄埔区图书馆接待进馆读者2011.24万人次，年均接待读者251.41万人次；外借文献量达1543.68万册次，年均文献外借量为192.96万册次。微信公众号关注量有23万人。网络服务平台访问量779.54万次，数字资源使用量639.44万篇（册）次。阅读服务推广活动累计达10639场次，年均举办阅读推广活动1330场；参与人次达590.11万，年均参与人次达73.76万。黄埔区图书馆基础服务效能位居广州各区前列，在广州市各区公共图书馆事业发展指数上连续7年稳居第一。

6 深圳市盐田区"智慧书房"："人·书·馆·城"四位一体，打造高品质城市书房服务体系

2018 年 11 月，深圳市盐田区图书馆首家"智慧书房"——听海图书馆在第十九届深圳读书月盐田区活动启动仪式上正式启用，以智能设备实现无人值守服务，为读者带来"抬头观山海，俯首轻吟哦"的全新阅读体验，被誉为颜值与实力兼具、科技与人文并存、离大海最近的图书馆。[①] 盐田区位于深圳市东部，人文底蕴深厚，旅游资源丰富，为满足人民对美好生活的向往，盐田区按照"优质均等、布局科学、

图 2-21　盐田区图书馆
"智慧书房"布点图

① 李福莹. 深圳终于有了海边图书馆 盐田区读书月活动"海洋味儿"十足［N/OL］. 深圳晚报，2018-11-15（A23）［2024-08-19］. http://wb. sznews. com/PC/layout/201811/15/node_ A23. html.

共建共享、特色鲜明"的建设思路,在辖区公园、绿地、栈道、社区等区域规划建设中英街、邂逅、灯塔、遇见、春天海、悦海、栖息、听海、观海、望海图书馆十家"智慧书房",打造"海书房"品牌,初步搭建起高品质城市书房服务体系。

盐田区十家"智慧书房"自落成以来,以其智慧化、人性化的公共文化服务网络,塑造了现代公共文化服务体系的"盐田模式"与"盐田品牌",形成引领示范效应,让全民阅读成为盐田区靓丽的文化风景。2021年中秋节期间,灯塔图书馆所在的中央公园接待人数达到12.6万人次;同年"十一"黄金周旅游消费数据显示,灯塔图书馆跻身全国"新"景点TOP10①。2023年2月,"盐田区高品质智慧书房服务体系:以'人·书·馆·城'四位一体涵养山海人文栖居地"案例被评选为全国"基层公共文化服务高质量发展典型案例"。② 2023年4月,盐田区图书馆更是凭借"看!海书房,看见图书馆"(Sea Library,See Library)项目获得国际图联国际营销奖,是首个以特色新型公共阅读空间获奖的项目。③

---

① 深圳新闻网. 跻身全国十大热门新景点 盐田区图书馆的"流量密码"是什么 [EB/OL].[2024-08-19]. http://iyantian. sznews. com/yantian-news/contents/2021-11/29/content_ 24775189. htm.

② 中华人民共和国文化和旅游部. 中央宣传部办公厅 文化和旅游部办公厅 国家发展改革委办公厅关于公布基层公共文化服务高质量发展典型案例的通知 [EB/OL].[2024-08-19]. https://zwgk. mct. gov. cn/zfxxgkml/ggfw/202302/t20230210_939030. html.

③ IFLA. IFLA PressReader International Marketing Award Winners 2023 [EB/OL].[2024-08-19]. https://www. ifla. org/news/ifla-pressreader-international-marketing-award-winners-2023/.

6.1 "人·书·馆·城"四位一体,涵养山海人文栖居地

6.1.1 以人为本,满足阅读与美好生活共生新期待

作为"市民家门口的书房",以盐田区民生实事立项的"智慧书房"建设项目以人为本,人、书、馆、城四位一体,涵养山海人文栖居地。截至 2023 年 9 月,"智慧书房"已累计接待读者超 83 万人次,辖区平均每人进馆 3.4 次,读者的整体满意度达 90.91%,充分满足了辖区居民及来盐游客的阅读需求,同时为周边商业区引流游客 50 万人次,为一线城市的高品质城市书房服务体系建设贡献了可借鉴、可推广的"盐田模式"。

6.1.2 以书聚心,多元特色主题文化点亮新阅读

盐田区"智慧书房"以弘扬传统文化、彰显地域特色为抓手,以人为本,以文营城,按照"一书房一主题一特色"理念,围绕"党史学习教育""天文科幻""多元文化""休闲旅游""生命科学""运动健康"等馆藏主题,弘扬传统文化,彰显地域特色,打造风格各异的"馆中馆"建设新时代精神文明实践主阵地;以海岸书房阅读为载体,搭建名师讲坛,构建丰富的多元活动体系,达到浸润文化、启迪民智、老少咸宜、雅俗共赏的目标。

图 2-22　天文科幻专题馆——灯塔图书馆

6.1.3　馆际一体，搭建智慧化、个性化服务平台

"智慧书房"是第四批国家公共文化服务体系示范项目的拓展与延伸，在区总馆垂直一体管理运营下，以科技为抓手，实现总分馆一体融通，通过智慧管理系统实现场馆自助开放，设施自动调控，数据自动采集，绩效动态评估，实现自动化、效率化、低碳化管理；搭载"智慧+"平台体系，应用物联网、人工智能交互、大数据分析等技术，实现物物相连、人机相连、人人相连的精准化、个性化、便利化服务；空间打造、活动品牌、资源调配实施统一服务目录和标准；全区总分馆错峰开放，实现图书馆全年不打烊的阅读服务。

6.1.4　爱"阅"之城，文化微地标展现城市形象

盐田区图书馆秉承"营销、特色、智慧、设计、品质、绿色"的立馆理念，始终贯彻"智慧书房"体系建设四项原则：一是贴近民众，融

合打造高品质基层服务网点;二是统一规划设计,内容、色调与滨海城区景观风貌相融合;三是汲取地域特色文化元素,形成具有"盐田特色"的建筑景观群;四是建筑美学与城市历史文化相承接,与市民接受方式和欣赏习惯相契合。目前盐田区图书馆"智慧书房"已成为盐田黄金海岸不可或缺的"图书馆旅行目的地",在小红书、大众点评网等平台上形成"自来水式"的传播效应,频频登上热门榜单。

图 2-23 运动健身专题馆——望海图书馆

6.2 政府统筹合力共建,智慧提效打造品质

6.2.1 高位统筹,以督促效

盐田区委、区政府高度重视,将公共图书馆总分馆体系建设、"智慧书房"体系建设列为区民生工程及重点项目,纳入全区年度绩效考核,形成常态化督查机制。区领导主持召开选址用地协调会议 4 次,协

调区住建、水务、城管等 15 个部门，解决配套设施问题。针对社区基层网点服务效能不高的问题，保障财政投入，补短板、提高均等性，2018—2021 年累计投入的图书馆建设及运营经费约有 8329 万元。

6.2.2 精心谋划，匠心筑梦

盐田区科学布点，让市民"转角"便能遇到高品质文化空间。为了让阅读融入市民生活、融入城市血脉，"智慧书房"选址根据区域特点，遵循普遍均等、分布合理、就近服务的原则，综合考虑人口密度、交通状况、环境配置等因素，在 20 多个点位优先筛选出 10 间书房位置，功能辐射区域覆盖了盐田港、保税区、梧桐山、盐田河、商业中心、城市公园区、居民生活区等。辖区居民平均步行 1.5 千米，就能遇见一个集科技、创意、文化、颜值于一体的复合型文化空间。

图 2-24　珠宝婚恋专题馆——栖息图书馆

"智慧书房""盐"值凸显，融入当地要素，贯彻城市美学。书房外观汲取"海""港""城""街"的要素灵感，从海上灯塔、盐田港集装箱、中英街回归广场、盐田河、海滨栈道等地域性文化要素和现象中提取设计元素，以地域文化为导向打开公共文化空间建设新思路，打造具有生活美学、美感元素的文化地标，使之成为以人为本、因地制宜、绿色环保、独具特色的集"美""好""新"于一体的公共文化服务空间。

6.2.3　合力破题，业态多元

盐田区采取社企"合伙人"联袂共建图书馆的方式打造"智慧书房"。盐田区与社会企业合作，在离大海最近的地方建设"智慧书房"样板工程——"听海图书馆"；与区工务署合作，在大梅沙海滨栈道城市驿站建设悦海、观海、望海图书馆，创造性地将图书馆功能拓展嵌入黄金海岸带，建成区域内独具旅游属性的公共文化服务空间典范。

盐田区善用政策，解决公益文化用地问题。以 2018 年发布的《深圳市加快建设公园文体设施提升文体功能工作方案》文件精神为契机，按照"城市家具"的形式在公园、绿地创新建设了 6 间"市民家门口的书房"，以高品质阅读空间充实城市人文生活圈。

6.3　文旅融合绘制场景，机制创新赋能城市

6.3.1　品质为王，因地制宜绘制海岸阅读新场景

盐田区是中国最具活力和创新力的滨海旅游城区之一，有"中国最美海岸线之一"的美誉，每年到访游客超过千万人次。盐田区"智慧书房"推动文旅深度融合，有机嵌入"深圳八景"之三——"梅沙踏浪"

"梧桐烟云""一街两制",以文塑旅,以旅彰文,让阅读为旅游体验增添故事与温度,通过公共文化新空间建设增添文化自信,讲好中国故事,达成文化与旅游的动态平衡,推动文化和旅游业融入经济社会发展的全局。

盐田区与辖区高端酒店、周边景点、商业区互相借势引流,增添人气。例如,与凯悦酒店签署合作协议,持有酒店房卡可在各书房免排队进馆,持有图书馆读者证可享受酒店八五折优惠;推出潮玩手办等高质量文创产品,打造"以文促文"的公共文化自成长生态体系;同时围绕"智慧书房"这一文化风景线夯实文化内涵,凸显海洋特色,形成"游""学"一体的盐田式公共文化高质量发展新路径。

6.3.2 垂直一体,总分馆制"盐田模式"示范推广

盐田区创新"三机制"成效凸显,实施"一转化"成果显著。

为保障"智慧书房"的建设与服务落地,探索建立全面、规范的配套政策与机制,盐田区在三方面发力。一是加强顶层设计,推行垂直一体管理机制。在总分馆体制、项目实施、可持续发展等层面出台了相应的配套制度保障文件,按照"专家智库+技术小组+课题小组+实验基地"相结合的模式,实现智慧叠加、跨界合作。二是因地制宜,制定科学规范服务机制。发布智慧图书馆建设的系列配套服务规范,发布统一服务平台管理标准和技术标准,为"智慧书房"服务体系的建设和服务提供了科学、高效的行动指南。三是创新指标体系,完善动态绩效评估机制。建立包含指标体系、数据平台、制度设计在内的"三位一体"评估机制,每年不定期组织实施抽查和第三方评估;同时针对评估结果,有目标性地实施优化。

通过深化推进"三机制",盐田区公共文化服务体系实现了智慧化转型,总分馆"人、财、物"自上而下垂直管理到底;全面普及智慧技

术,丰富服务内容,创新服务方式;以海洋阅读为媒介,发起"一带一路"图书馆联盟,持续组织海洋文化论坛,实现特色资源服务跨地域的共建、共享、共用;充分吸纳社会资源,整合基层网点,开展主题融合、馆企融合、文旅融合、业态融合等多元融合建设,实现空间的共建、共享、共管、共赢,逐步形成以图书馆专业化管理为核心的公共文化服务圈。

实施"一转化"成果表现在三个方面。一是坚持项目成果转化,打造创新服务示范和案例。通过"立项—实践探索—项目验收—提升完善—再立项"的良性循环,完成2项国家级项目、4项市级重点课题研究,实现对已有探索创新成果的理论转化。二是坚持知识产权转化,打造行业竞争优势和特色。定制研发装备和系统获得10项专利、4项软件著作权,立项并发布2项团体标准和2项深圳市地方标准,同时积极参与文化和旅游部行业标准——《公共图书馆馆外服务场所服务规范》的相关起草工作。三是坚持产业协同转化,探索馆企融合发展新路径。以读者需求驱动为导向,与码隆科技、安多福、兴隆源等深圳本地企业,在智慧盘点机器人、防疫消杀、书房环保新材料等方面开展"文化+科技"融合合作,共同探索研发、引进新的公共文化服务产品、服务模式,为后疫情时代中小微企业的转型和产业化集群发展提供了新的发展方向。

6.3.3 文化浸润,城市书房赋能城市空间全域治理

"文化+党史"融合,推动精神谱系传承见行见效。盐田区图书馆与盐田区委宣传部合作,将观海图书馆打造成集"红色主题"与"智慧服务"于一体的红色精神谱系专题馆,探索党史学习教育与公共文化空间融合发展路径,承接党建活动20余次,进馆读者超1.5万人。

从图书馆专业角度整合建成2家红色驿站、2家党群服务中心、1家党校分馆;谋划"图书馆里的党史课""红色精神谱系进家庭"等品

图 2-25　红色精神谱系专题馆——观海图书馆

牌特色活动，荣获深圳市阅读联合会"2021 年全民阅读推广活动优秀项目奖"。

"文化+法治"融合，促进公平正义理念走深走实。盐田区图书馆与盐田区司法局合作，将邂逅图书馆打造成深圳市法治宣传教育星级基地，获得深圳市司法局授牌，汇集全区最为齐全的法治专题馆藏，针对劳动关系、

图 2-26　法律专题馆——邂逅图书馆

家庭关系及知识产权等重点普法领域开展专项咨询服务，为广大来深建设者及辖区读者提供坚实的法律支援后盾，在全社会营造浓厚的法治氛围。

　　"文化+自然"融合，实现绿色环保观念入脑入心。盐田区图书馆与
盐田区城管局联手，在悦海图书馆打造"观书海"自然教育中心，秉承
"走读山海，阅读自然"的核心理念，将"自然图书"与"自然教育"
结合，举办自然图书分享会、海滨体验活动、自然手工课程、零废弃物
宣传活动63场，受益人次近万，建立人与自然的联结，营造"亲近山
海、走读盐田"的氛围。

图2-27　自然专题馆——悦海图书馆

⑦ 深圳市罗湖区"悠·图书馆":融入社区,打造功能复合的文化综合体

2012 年,深圳市罗湖区启动"悠·图书馆"基层图书馆改造项目,依托一体化的总分馆管理体制,以"悠·图书馆"作为总分馆体系在基层的延伸,为基层群众提供阅读服务。"悠·图书馆"基于社区图书馆,以"空间再造、资源整合、社区参与"为核心,开展改造升级工作,通过温馨典雅的空间环境、多元的服务内容、丰富的文献资源、多样的文化活动,以及一体化的总分馆管理体制,将社区图书馆打造为当地公共文化新空间,为社区居民提供丰富的阅读休闲服务。

2012 年,首家"悠·图书馆(文华社区)"建成开放,罗湖区开始在全区推广"悠·图书馆"建设模式。截至 2023 年底,罗湖区已在商场、学校、街道、社区、企业等不同场所建成"悠·图书馆"34 家,实现总分馆垂直一体化管理与服务,"悠·图书馆"成为总分馆体系的重要组成部分。2023 年,"悠·图书馆"进馆人次达 208 万,外借图书量达 51 万册次,开展活动 675 场,"悠·图书馆"已成为罗湖区居民不可或缺的"文化综合体",社会效益显著。

2016 年,"悠·图书馆"被中国图书馆学会授予"全国最美基层图书馆"荣誉称号。2018 年,罗湖区以"悠·图书馆"为核心的公共图书馆服务体系,获得全国"书香城市(区县级)"称号(全国仅 10个),是广东当年唯一的一个获奖城区。2019 年,罗湖区莲塘街道鹏兴社区以"悠·图书馆"为平台,推广全民阅读,获评全国"书香社区",是获评当届全国 16 个书香社区之一。2020 年,罗湖区依托总分馆

垂直一体化管理体系打造的"悠·图书馆"获得深圳市文化广电旅游体育局颁发的"深圳市推行图书馆总分馆一体化管理工作先进单位"称号。2021年，"以悠·图书馆为特色的总分馆体系建设"项目获评"市长质量奖文化类银奖"。2022年，"悠·图书馆（东晓街道）"入选"2022年广东省最美新型公共文化空间案例"。

图2-28　"悠·图书馆"以字母"U"为标识

7.1　政府统筹全区建设，垂直一体高效管理

为提升基层图书馆服务效能，深圳市文化广电旅游体育局颁布《深圳市公共图书馆总分馆体系建设指导意见》，明确指出要"健全市级中心馆、区级总馆、街道图书馆和社区图书馆四级网络体系，推进公共图书馆服务全覆盖"。罗湖区积极开展公共图书馆总分馆体系建设，于2018年出台《深圳市罗湖区公共图书馆建设标准指引》以及《罗湖区公共图书馆总分馆制建设实施方案》，明确罗湖区各级公共图书馆的建设标准、管理模式与经费支持办法，保障区内各级公共图书馆的可持续发展。其中，政策明确了罗湖区各级公共图书馆的管理主体和建设主体，管理主体上移至区图书馆，建设主体下沉到街道和社区，并将建设任务列入全区文明创建的考核指标，全区公共图书馆下好"一盘棋"，

统筹规划。

图 2-29　"悠·图书馆"阅览区

　　在这一背景下，"悠·图书馆"作为罗湖区公共图书馆总分馆体系在基层社区的服务场所，在管理体制上打破了行政上"多头财政、各自为政、分头管理"的弊端，进行垂直一体化管理、运营与开放服务。罗湖区图书馆作为总馆，统筹各分馆的人力资源、文献资源、技术资源、经费资源及活动资源，实现"悠·图书馆"的统一一体化管理，提高开放水平及服务效能。

7.2　关注阅读空间再造，整合资源全区共享

　　罗湖区图书馆在总分馆体系建设过程中，思考基层图书馆的转型发展路径，发起"悠·图书馆"项目，对全区的基层图书馆进行改造，致力于为社区居民打造现代化有特色的公共文化新空间。"悠·图书馆"

的核心任务之一是"空间再造",对服务效能低的基层图书馆进行升级改造,空间布局上突出以"人"为中心,以"社区"为核心,注重空间舒适性、公共性、体验性、互动性、多元性及文化氛围的提升,结合不同社区的主题、需求与特色,营造有主题、有思想、有趣味的社区公共文化新空间。

图 2-30 "悠·图书馆"内部空间

在"悠空间"的基础上,"悠·图书馆"还重视"悠资源"的建设及共享。结合罗湖区经济、文化的特点和群众的需求,罗湖区图书馆确立了以金融商贸、珠宝设计、少儿绘本和地方文献为特色和服务重点的纸本书刊、电子书刊、数据库、网上信息相结合的馆藏体系。依托全区公共图书馆服务体系,"悠·图书馆"实现资源全区共享、流动更新,采取以电子资源为主、传统纸质图书为辅的原则,为读者提供最新、最热门、最畅销的电子资源和纸质图书。其中,体系内的电子资源成为共享的主要资源,罗湖区公共图书馆体系拥有电子图书 111.03 万册,电子期刊 33.5 万册,数据库 29 种,自建特色数据库 5 种,馆藏数字资源共计 52.2TB(太字节),全部可在外部网络使用,实现最新电子图书、电子期刊的移动阅读外借服务。另外,罗湖区还加入深圳市"图书馆之城"统一服务平台,与全市 237 家公共图书馆、240 个城市街区 24 小时自助图书馆实现通借通还服务,读者手持一证就可以借遍全城。在提供阅读资源的基础上,"悠·图书馆"还关注与社区居民密切相关的服务供给,免费提供身份证办理、生活缴费、社保办理等方面的信息咨询服务。

7.3 联合社会力量,优化阅读服务资源

"悠·图书馆"作为城市第三空间的建设项目,一方面对原有的社区图书馆进行改造;另一方面又开拓新的建设与服务领域,在商场、产业园里开办公共图书馆。罗湖区图书馆重视"馆社合作",充分履行图书馆的社会服务职能,从资源、服务、管理等方面探索图书馆与社会合作的发展模式,取得了良好的效果。罗湖区图书馆以"悠·图书馆"品牌为平台,联合各方社会力量共建、共享基层图书馆,为市民读者和企业提供优质的图书馆服务。自2018年起,罗湖区图书馆开始与辖区内优质企业合作,由企业解决最棘手、所需成本最高的场地问题,由图书馆提供专业的文献和阅读服务,在C33创新产业园、智慧城市产业园、人工智能产业园等园区分别建立了以创意设计、互联网、人工智能、珠宝设计类文献和活动为服务重点的"悠·图书馆",为推动罗湖珠宝、工艺、互联网等产业蓬勃发展提供智力支持,也为社区读者提供更加方便快捷的图书馆服务。截至2023年底,罗湖区图书馆"馆社合作"项目达到15个。

7.4 多元服务盘活社区,服务效能显著

依托"悠空间""悠资源"及"悠服务","悠·图书馆"成为罗湖区居民日常生活的重要文化活动场所,服务效能显著。"悠·图书馆"

不仅仅是一个图书馆，更代表着一种社区生活方式，为群众打造了一个聚集艺术欣赏、技能培训、文化交流、教育学习、生活体验等功能的文化综合体。

"悠·图书馆"依托罗湖区资源，开展多层次、多角度、多形式的阅读推广活动，分层分级创立多个系列阅读活动品牌，如"罗图品书""真人图书馆""尚修学苑"等读书分享、体验式阅读沙龙品牌活动；"涂涂故事列车""青苹果手工教室"等适合少儿、亲子参与的绘本故事会、互动手工类品牌活动。这些活动为各个年龄段、不同文化水平及不同需求的读者提供相应服务。根据各"悠·图书馆"的主题和属性，罗湖区图书馆还为不同的"悠·图书馆"定制了相关主题的品牌活动，如"珠宝设计""人工智能""传统国学"等，为读者提供内容更丰富、更具深度的阅读资源。"悠·图书馆"尤其关注社区文化的融合，针对社区特点，打造符合社区需求的活动，聚焦社区、融入社区、盘活社区，开展"悠阅生活"系列活动，吸引社区居民参与，加强社区居民的交流，增强社区认同感。此外，"悠·图书馆"还为社区居民提供参与服务供给的平台，整合社区资源，让社区居民的创意和智慧融入当地社区活动体系中，提升社区居民的参与感，丰富社区居民的体验。

8 深圳市福田区"嵌入式新型公共文化空间":超大城市高密度中心城区空间建设路径

深圳市福田区"嵌入式新型公共文化空间"指在辖区内由社会力量等多元主体建设运营,嵌入商圈、园区、公园、地铁、医院、城中村、会展等都市空间,具备公益性展示、表演、阅读、培训、交流等文化服务功能,配套场景体验、商业展演、文创销售、餐饮等文化消费业态,同时具有较高美学品质的实体文化服务和消费空间。"嵌入式新型公共文化空间"采取准入制方式加快拓展速度,可通过申报、认定、挂牌、赋能、考核等闭环管理,撬动社会力量,拓展公共文化服务阵地。

图 2-31　嵌入式新型公共文化空间——四季花谷全景

福田区位于深圳的中心城区,是全市的行政、金融、文化、商贸和国际交往中心。作为"国家公共文化服务体系示范区",近年来,福田着力构建更具特色的"都市型公共文化服务体系"，推动公共文化服务迈上新台阶。然而，伴随着三十余年的发展奋斗，城区人口密度极高、土地资源极稀缺、市民多元化的公共文化需求与文化供给不匹配等问题日益凸显。为此，作为超大城市的中心城区，福田区向存量要空间，向社会要资源，开展"嵌入式新型公共文化空间"（下文简称"嵌入式空间"）建设，通过百花齐放的公共文化新空间涵养中心城区的科学精神、人文精神、艺术精神，形成公共文化服务阵地"星罗棋布"的格局。

8.1　立足问题把握优势，以"嵌入式"策略优化提升

2023 年 4 月，来自全国、省、市的专家学者为福田文化事业发展"把脉定向"，结合实际情况"量身定制"，提出以"嵌入式"的方式来开展公共文化新空间建设，发掘一批由社会力量等多元主体建设运营的公共空间，嵌入在商圈、园区、社区等都市空间，配套场景体验、商业展演等文化消费业态，凸显多样化、公益性、便捷性的优势，打造公共文化服务阵地"星罗棋布"的格局。这一理念和做法与 2023 年 11 月国家发展改革委发布的《城市社区嵌入式服务设施建设工程实施方案》相契合。

嵌入式空间具有嵌入式优化、多元化参与、融合型发展、创新性供给、智慧化体验、高品质设计、专业化运营等特点。具体说明如下。

一是嵌入式优化。在高密度中心城区，大力发展嵌入式空间场景，让公共文化服务嵌入商圈、社区、公共场所、人流密集地，以空间场景的嵌入带动公共文化服务的泛在化，让公共文化元素举目可见，让公共文化服务唾手可得。

二是多元化参与。嵌入式空间鼓励企业、社会组织、民间文艺团体等多元主体参与建设运营，支持跨行业、跨部门的共建、共享、共营，完善激励回报机制，激发文化参与动能，实现政府、企业、市民共赢。

三是融合型发展。嵌入式空间以文化演出、视听、展览、阅览、培训、讲座、游艺等公共文化服务为主题，积极拓展文化与科技、体育、旅游、商业、交通等融合发展新业态，打造业态融合、功能聚合的文化消费新载体。

四是创新性供给。嵌入式空间建立以高品质都市文化消费引导社会力量主动参与公共文化供给的新模式，提升专业化、标准化、品牌化运营水平，促进都市文化服务新业态高质量发展。

五是智慧化体验。适应都市文化体验、休闲、消费和传播数字化转型新趋势，突出数字创意赋能空间营造的特点，强化精准服务和社群推广，打造在线、在场融合交互的智慧服务体验。

六是高品质设计。嵌入式空间具有高品质的空间生活美学价值，空间设计体现艺术、时尚、人文、科技、生态等主题元素，彰显在地与国际、传统与现代兼容并蓄的都市文化形象特质。

七是专业化运营。按照空间主题、功能和规模要素，合理配备文化艺术专业人才或服务团队，支持空间运营主体与各类专业文化艺术人才或团队建立合作驻留服务机制。

8.2 强化保障释放动能，激发活力塑造微地标

2023 年 9 月，经过申报、评选等一系列环节，福田区正式发布经认定的 100 个嵌入式空间，这些空间各美其美、美美与共，包含了产业双创场景、商业休闲场景、自然生态场景、城市服务场景四大类型，既有天空美术馆、COCO Park 下沉广场等人气爆棚的"网红打卡地"，也有

市民花田、百姓书房等与群众生活息息相关的公共空间，嵌入在公园绿地、社区园区、交通枢纽、城市街区、商业楼宇、景区景点等都市场域，为市民带来全新的文化体验，与传统公共文化设施形成错位发展。在开展嵌入式空间建设过程中，福田区的主要做法如下。

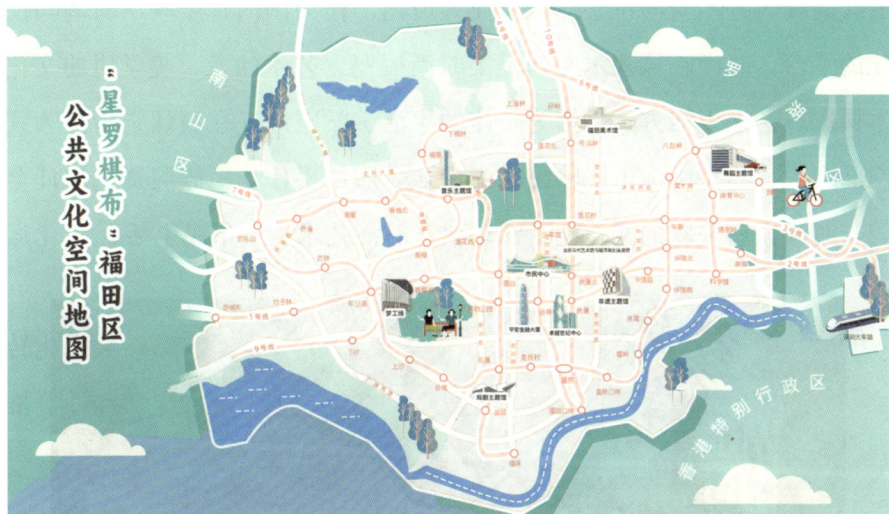

图2-32　"星罗棋布"福田区公共文化空间地图

8.2.1　先行先试，强化公共文化建设机制保障

福田区制定并发布了《深圳市福田区嵌入式新型公共文化空间认定管理办法（试行）》，作为嵌入式空间认定、扶持和考核依据，对嵌入式空间的申报条件、认定环节、扶持方式、考核机制等做了详细规定，以完善的制度加强空间建设、日常管理与考核监督，确保公共文化空间的规范化建设和运营。

8.2.2　社会共建，释放公共文化发展新动能

探索建立社会力量共建共享机制，通过签约挂牌、资金补贴、活动配送等多种途径，支持各嵌入式空间提供公共文化服务和产品，有效激

发嵌入式空间的公益属性，与传统公共文化设施错位发展，为市民提供多样化的公共文化服务。2023年10月以来，各嵌入式空间举办展览、演出、沙龙、手工等活动共70多场，线上线下联动人次超10万。

由国内知名服装公司与时尚新媒体机构共同打造的嵌入式空间之一的时尚临风艺术空间位于深铁置业大厦内。作为国内首个联结时尚与文化的平台，时尚临风艺术空间是集时尚展览、艺术沙龙、美学讲座、艺术摄影、艺术生活方式传播为一体的生活美学空间。在被认定为嵌入式空间之后，其持续为市民输出时尚论坛、服饰手作、民族服饰艺术展览等与时尚紧密关联的文化艺术活动，让时尚艺术走进市民生活。

图 2-33　嵌入式新型公共文化空间——时尚临风艺术空间

8.2.3　品牌引领，激发公共文化空间发展活力

以嵌入式空间为阵地，打造文化品牌项目——"星罗棋布"全民创意艺术月。通过"一空间一主理人"的形式，聘请空间负责人作为嵌入式空间"主理人"，主理人亲自策划，开展趣味横生的创意艺术活动。

从瓷器绘画到艺术疗愈，从唤醒创意多巴胺到挖掘音乐无限可能，从玩转箜篌到肆意跳舞，从学习风筝制作到体验点茶文化……全民创意艺术月活动集结了各种传统、时尚、前沿的艺术形式，包括绘画、音乐、舞蹈、手工制作等类型，深受市民群众的好评，让嵌入式空间"门常开、活动新、群众来"，掀起全民创意艺术的热潮。

嵌入在福田区梅林街道中康路卓越城的臻木堂艺术馆，是一家传统文化艺术馆，集传统家具及书画展览、文化交流、市场营销于一体，馆藏有百余件经典明式家具和名家书画作品。空间此前一直以固定艺术圈人群为主要受众，在被认定为嵌入式空间之后，通过政府的宣传引导，空间内的展览活动和展品向市民免费开放，让艺术空间突破了"圈层化"的运营方式，也为市民带来了不一样的文化体验。

图 2-34　嵌入式新型公共文化空间——臻木堂艺术馆

8.2.4 内外兼修，塑造公共文化微地标

聚合宣传热度和流量，与各级媒体联动，设计出"最美书店""最潮商圈"等 10 条嵌入式空间打卡线路，吸引广大市民群众。上线"星罗棋布"福田区公共文化空间地图，一图展示辖区内市区级文化地标 13 个，街区级文化客厅 181 个，嵌入式空间 100 个，让市民"一眼看尽"福田区小而精、多而全、星罗棋布的文体设施。

图 2-35　嵌入式新型公共文化空间——慕派客黑胶空间

8.3　拔高定位谋远深耕，厘清路径扎实推进

目前福田区嵌入式空间建设已经展开了卓有成效的探索和实践，形成了一些创新性做法和经验。但仍存在一些问题亟待解决，如嵌入式空间公共服务仍需标准化规范化改进、社会效益与经济效益仍需寻找平

衡、智慧化建设和内容供给仍需提升、规划引导仍需进一步发力等。未来福田区计划以"短期理顺机制、中期融合发展、长期打造'中央文化区'"三步走为策略，以文化建设贯穿城市发展的全过程、全方位、全领域。

8.3.1　短期策略：理顺机制聚拢空间

建立主理人联盟，将空间"拢住"。在聘请空间负责人作为嵌入式空间"主理人"的基础上，进一步理顺机制，建立"嵌入式空间主理人联盟"；制定联盟章程和联席会议制度，强化空间的归属感，将空间紧紧"聚拢"在一起，群策群力，带领嵌入式空间以跨界、融合、创新的方式参与公共文化服务；明确空间发展的长、短期目标，深耕空间运营、资源挖掘、文化理念和建设路径，搭建嵌入式空间资源互通的新平台，进一步激发区域公共文化服务的活力。

建立服务标准，将空间"管住"。社会力量建设或参与建设公共文化新空间，不同程度地存在后续管理不到位、缺乏专职管理人员、服务不规范、服务质量不高等问题。针对这些问题，应强化政府的主体责任，不断完善公共文化新空间的运营管理机制。一方面应继续完善《深圳市福田区嵌入式新型公共文化空间认定管理办法（试行）》，根据实际运营情况，强化嵌入式空间的准入和准出机制，对嵌入式空间进行优化；另一方面，制定与之相配套的经费补贴细则和空间服务标准，对空间开放时长、服务人次、公众满意度等进行量化，对公共文化新空间的建设、管理和运营情况进行考核。

设立专项扶持资金，让空间可持续。设立"嵌入式公共文化新空间运营补助专项资金"，专款专用。补助资金主要用于提供优质公共文化产品和服务。鼓励空间自主策划和运营公共文化服务产品，要求是符合社会主义核心价值观，以弘扬中华美育精神、传承中华优秀传统文化为目标的具有原创性的产品，或内容来源合法合规的成熟产品，根据申报审核标准，对申报项目进行审核，筛选优秀项目进行合作共建。

8.3.2 中期策略：优化布局融合发展

以顶层设计统筹推动嵌入式空间建设。福田区将通过完善顶层设计，将公共文化服务设施建设纳入城市更新行动内容，统筹规划，一体推进。明确城市更新中公共文化服务设施占比，借力城市更新，推动公共文化空间跳出固有形态，巧妙植入街区提档升级、传统文化街区打造、老旧小区改造等民生工程，不断补齐城市发展短板，增加公共服务供给，引入社会力量，合作建设更多主题鲜明、服务优质的嵌入式空间。

以嵌入式空间促进公共文化设施布局优化。结合"星罗棋布"的目标规划整体布局，系统梳理全区公共文化设施的现有分布情况，让嵌入式空间成为福田区公共文体设施的有效补充。通过评估公共文化设施、资源、服务与常住人口、服务半径等，综合分析既有公共文化空间布局现状，通过优化嵌入式空间的数量和范围，统筹大、中、小不同体量的文化设施，做好公共文化空间的"填空题"，消灭设施和服务覆盖面的盲点，真正让福田市民生活圈中的公共文化设施实现"星罗棋布"的格局，形成便捷高效的空间设施网络。

以嵌入式空间推动社会参与融合发展。把握公共文化服务与相关领域的共生性、互补性与目标一致性特点，加强统筹协调，推动功能融合、服务融合、业态融合，打造出更多的共建共享空间，积极嫁接政企双方"软件"和"硬件"资源。通过政企合作、政府购买服务、社会力量直接投入等方式，共同开展公共文化空间建设工作。除了发掘认定现有公共文化新空间，还要以"城市领养"等方式，鼓励、撬动社会力量对城市开展嵌入式空间建设，吸引企业参与公共文化服务，打造"公共文化+商业"的新形态和新业态，不断提高现代公共文化服务水平和质量。

8.3.3　长期策略：打造"中央文化区"

中央文化区（Central Cultural District，CCD），是指随着经济发展到一定阶段，在城市中心地带形成的具有城市一流生活素质、高尚人文内涵和完美生态环境的居住区域。中央文化区由若干功能区组成，可满足城市主流人群集中居住、文化、教育、娱乐、消费、旅游等需求。在全球发达国家，中央文化区已经存在和发展多年，如伦敦建立的"文化区"，巴黎提出的"再造塞纳河"项目。

作为全国排名前三的超大城市的中心城区，未来福田区将围绕"中央文化区"持续发力。聚焦"三大新引擎"和"三大产业"，宣、文、旅、商交互赋能，重点打造文化聚集区，找准定位，形成具有福田特点的文化"城设"，让"创意之美、人文之美、空间之美"无处不在，让整个城区在文化艺术的滋养下向阳生长，充满勃勃生机。

9 珠海市"百岛书房":政府保障,联动社会力量,打造"各美其美"的特色阅读空间

为进一步扩大公共文化服务设施覆盖面,提升基层文化阵地服务效能,深入推动全民阅读,打造爱读书、读好书、善读书的书香之城,珠海市自 2023 年起探索打造"百岛书房"品牌。"百岛书房"建设坚持政府主导、社会参与、全民共享原则,依托公共图书馆总分馆服务体系,打造集公共阅读、图书借阅、学习交流、宣传展示、文化体验、城市会客、志愿服务等于一体的公益性多元文化空间。

"百岛书房"建设总体上遵循高颜值、高品质、高标准的原则,按照有统一标识、有丰富读物、有特色主题、有常态活动、有稳定机制的"五有"标准建设,在此基础上,鼓励各区根据不同区域和场景特点,打造"一书房一特色"的阅读空间,实现"各美其美",为广大人民群众提供更加优质的公共文化服务。

9.1 政府加大保障力度,打造城市阅读新名片

珠海市持续不断推出"百岛书房"相关保障政策与具体措施,推动"百岛书房"建设有序有效开展。2023 年 8 月,珠海市印发了《珠海市百岛书房建设实施方案》,在明确建设标准的同时,要求各区统筹调配各种资源和力量,有力有序推进"百岛书房"建设,同时鼓励政企共建、企业援建、社会捐建,或采取政府自主运营、公办民营、公建民

营、民办公助等多种运营方式，保障"百岛书房"可持续发展。此外，珠海市还根据各区"百岛书房"建设、特色打造、活动开展、社会影响等情况，给予一定的市级资金扶持。

为保障书房良好运营，按照属地管理原则，各区负责本辖区内"百岛书房"的日常运维管理工作。每个书房配备专（兼）职工作人员不少于 2 名，负责书房日常工作，并定期组织开展志愿服务。截至 2024 年 3 月，珠海已挂牌 6 家"百岛书房"，藏书共 5 万余册，为广大市民提供公共阅读、图书借阅、文化体验、展览展示、学习交流等公益服务。

图 2-36　"百岛书房"统一标识

9.2　明确具体建设标准，鼓励因地制宜个性化设置

为打造"百岛书房"城市阅读新名片，珠海市对书房建设标准进行了详细设置。"百岛书房"按照普遍均等、就近服务、便利群众的原则进行选址，原则上不低于 300 平方米，并按照布局合理、功能多样的原则设置图书阅读区、文化活动区、休闲服务区等区域。在外观造型、室

内装修和环境设计上，采用统一形象标识，在显眼位置悬挂统一牌匾和标识。同时，鼓励各区"百岛书房"进行个性化设置，以体现文化建筑特点为宗旨，总体风格按所在区域环境进行个性化设计，例如，工业园区可采用工业设计风格，公园内可采用自然田野风格等。科学设计功能分区及书架、座椅等硬件设施，精心铺垫阅读氛围，设置"网红打卡点"，营造轻松舒适的阅读环境。

图 2-37　"百岛书房"开展活动现场

设施配置方面，"百岛书房"原则上一次性配备不少于 7000 册的图书，由辖区图书馆定期进行更新，确保图书质量，市、区图书馆通过建立分馆或服务点为"百岛书房"提供业务指导、管理员培训和图书流通服务。服务方面，"百岛书房"实现无障碍、零门槛进入，免费向公众开放，每周开放时间原则上不少于 80 小时，节假日正常开放。同时，每年组织开展活动不少于 12 场，包括各类阅读活动、公益讲座、文化沙龙、艺术展览等，打造主题鲜明、内涵丰富、群众欢迎的全民阅读活动品牌。

9.3　联动社会力量参与，绘出首家"美丽样本"

　　为全面推进"百岛书房"建设工作，珠海市打造了"城市阳台百岛书房"作为示范点，为后续选址建设工作提供"美丽样本"。城市阳台百岛书房为珠海市首家百岛书房，位于城市阳台二楼，面朝大海，依山傍水，环境优美，面积约552平方米。该书房整体设计灵感来源于"种子"，寓意新生代受众群体，并提出"种子计划"，旨在通过以书房为载体的新型文化生活空间培养市民的阅读习惯，营造人人爱读书的浓厚氛围，构建新的全民阅读图景。

图 2-38　城市阳台百岛书房内部空间

　　城市阳台百岛书房注重为读者提供便捷、舒适的阅读环境和多样化的阅读体验，共设置了八大区域，藏书近9000册。为方便市民借阅书籍，书房内配备了自助借阅系统，同时还承办党建活动、读书会、作家分享会、小型展览等各类活动。同时，为进一步弘扬珠海本土文化，书房立足现有资源，积极联动社会力量，推出本土文化主题陈列专区，展出珠海本土作家文集、本土艺术家美术作品集、珠海本土题材图书等，为珠海的城市文化推广和展示营造浓厚氛围，满足市民和游客多层次的公共文化需求。

自 2023 年 5 月开业至 2024 年 8 月，城市阳台百岛书房已接待游客和读者共 54 万人次。与海为邻，藏身在闹市之中，城市阳台百岛书房已成为青春珠海新的文化打卡地。

10 佛山市公共文化新空间：打造覆盖城乡、各美其美的公共文化空间矩阵

佛山市早在 2011 年就开始探索建立自助化、智能化的小型阅读空间"智能（自助）图书馆"。2012 年，佛山市委、市政府发布《佛山市"十二五"时期社会建设规划纲要》，"智能图书馆群"被确定为"社会建设信息化工程"的重点项目之一。2012 年底，佛山市图书馆联合禅城区馆、南海区馆同步建设的首批 5 家智能图书馆正式向市民开放。此后，佛山不断结合地区实际与公共文化服务发展趋势，探索公共文化新空间多元化发展道路。

2013 年，南海区图书馆开始建设以政社合作、自助化、智能化等为特点的便民书屋"读书驿站"，提高公共文化服务覆盖率。2017 年，佛山市图书馆开始探索融入现代元素、科技元素和文化元素的体验式、交互式的生活空间"智能文化家"。2018 年，佛山市图书馆推出"'千家万户'阅暖工程——邻里图书馆项目"（以下简称"邻里图书馆"）项目，依托家庭场所创建图书馆，打通公共文化服务"最后一米"。2020年，佛山市探索建设文旅融合的"旅图·晓读夜宿"民宿图书馆，同时开展"粤书吧"建设。2021 年，针对全市公共文化服务网络布点与产业园区布点重合度低，大量产业工人文化需求得不到保障的情况，佛山市依托佛山市公共文化设施联盟，推出多功能融合的"企业文化家"，进一步织密公共文化服务网络。

截至 2024 年 3 月，佛山全市公共文化新空间达 2036 家，覆盖五区，包括 1588 家"邻里图书馆"、273 家"读书驿站"、25 家"旅图·晓读

夜宿"民宿图书馆、16家"智能文化家"，以及"自助图书馆""图书馆+书店"等类型空间100多家，形成覆盖城乡、各美其美的公共文化空间矩阵。

10.1　多元类型，构建文化空间矩阵

目前，佛山市的公共文化新空间根据建设方式与特点不同大致可以分为三类。一是自助式的智能阅读空间，包括自助图书馆、城市街区自助图书馆、读书驿站、移动智能图书馆。二是嵌入式的复合功能空间，有公共文化机构与企业合作共建的"企业文化家"，公共图书馆与民宿合作共建的"旅图·晓读夜宿"民宿图书馆，与书店合作共建的"图书馆+书店"系列空间，与家庭相融合打造的"邻里图书馆"，以及佛山市图书馆与佛山市青少年文化宫联动合作的"青葵图书馆"，等等。三是活化式的乡村美育空间，包括乡村祠堂、古建筑活化重构形成的"祠堂+文化""古书舍"品牌系列空间。

10.1.1　自助式的智能阅读空间

包含自助图书馆、城市街区自助图书馆、读书驿站及移动智能图书馆四种形式。

一是自助图书馆。这是指在一定的物理空间内，配置图书、数字资源和阅读设施，以计算机技术和网络通信技术为支撑，通过整合集成RFID技术、自动控制技术、多媒体技术等，与主馆之间实现信息实时交互并提供自助服务的小型图书馆。

图 2-39　自助图书馆

二是城市街区自助图书馆。这是一种独立、可移动的自助借还机器，又名"24 小时城市街区（道）自助图书馆""智能 MINI 图书馆系统设备"等，占地面积一般在 10 平方米以内，单台机器藏书量在 400 册左右，安装方便。借还机器可以部署在室内或者安

图 2-40　城市街区自助图书馆

全的开放式半室外环境，采用互联网连接方式与图书馆的服务器进行数据交换并实时处理，提供自助办证、借书、还书、续借、查询等图书馆基础服务。

三是"读书驿站"。这是南海区图书馆 2013 年推出的空间品牌，旨在将图书馆建到群众家门口。作为一种无人值守、自助式、智能化、全免费的小型公共图书馆，"读书驿站"让读者只需凭第二代居民身份证

就可以自助完成入馆办证、图书借还、电子借阅、浏览文化资讯等，具有选址灵活、形态多样、功能丰富、管理高效、服务便捷等特点。截至2024年3月，南海区共建成并投入运营的"读书驿站"共有273间，构建了含社区驿站、小区驿站、校园驿站、商场驿站、公园驿站等多种形态，覆盖全区7个镇（街道）的服务群。

图2-41　"读书驿站"以玻璃屋或入驻房屋的形式贴近居民

四是移动智能图书馆。这是佛山市图书馆2016年推出的国内首批实现自助服务的流动图书馆。将图书、自助借还机、门禁监控及电子读报机等资源和设备安置在大巴内，通过采用RFID、4G/5G无线上网等现代技术手段，与中心图书馆互联互通，为读者提供自助办证、自助借还图书、阅读电子报刊等服务。

图2-42　佛山市移动智能图书馆

10.1.2 嵌入式的复合功能空间

指公共文化机构与商场、公园等场所合作，在其场地开辟公共文化空间场景，嵌入公共文化服务功能。包括"智能文化家""企业文化家""旅图·晓读夜宿""粤书吧""粤文坊""邻里图书馆""青葵图书馆"等空间品牌。

一是"智能文化家"。这是佛山市为满足市民对美好生活的需求，着力提升公共文化服务供给质量的一项创新探索。"智能"旨在实现与现代化接轨，用十足的现代科技感设计和领先的智能设施设备提升空间档次，拓展物理空间内涵。"文化"是这一空间的灵魂，一方面为市民提供阅览、艺术服务，输送优秀传统文化相关的综合性活动，另一方面也为文化思考、文化生产提供灵感和支持。"家"着重从场景设计和服务配套营造有温度、有归属感的自在天地，从以往"物"的空间转为"人"的空间，创造社交和活动机会，达到聚集人气、凝聚智慧和思想的目的。"家"也可解读为"+"，跨界融合，链接一切，从合作形式、

图 2-43 狮山树本智能文化家

场地选址、物理空间、服务提供、形态呈现等各个方面实现空间加成、资源整合。

"智能文化家"在原有智能图书馆的基础上，按照"家"的特征和主题进行功能划分，着力打造诗意优雅、动静相宜、科技时尚、文化浓郁的物理空间，并开展阅读沙龙、小型讲座、文艺培训、展览展示、文化志愿服务等多种文化活动和服务。

二是"企业文化家"。2021年9月，佛山市文化广电旅游体育局与佛山市总工会联动，依托佛山市公共文化设施联盟启动"佛山智造·企业文化家"市级示范点建设项目，由佛山市图书馆牵头，整合公共文化资源，植入企业内部，为企业打造复合型的公共文化服务空间。

"企业文化家"由企业提供空间场地，负责场馆设计、装修、设施设备配置和日常运营管理，由公共文化机构结合企业需求，提供图书、艺术活动、非遗体验活动等公共文化资源。空间融合图书阅读、展览展示、健身、轻餐饮等功能，体现出"阅读氛围+文化元素+企业氛围"的特点。

图 2-44　季华实验室企业文化家

　　三是"旅图·晓读夜宿"民宿图书馆。为推动文旅融合发展，拓展公共文化服务阵地，佛山市图书馆于2020年推出"旅图·晓读夜宿"项目，推动公共图书馆与民宿企业合作建设民宿图书馆。佛山市图书馆在充分挖掘民宿所在地周边文化资源的基础上，结合各民宿空间的特点，在民宿内部配置相应的公共文化服务资源，打造主客共享的文旅融合空间。

图 2-45　与民宿合作共建的"旅图·晓读夜宿"民宿图书馆

　　四是"邻里图书馆"。该项目依托家庭场所建立图书馆，由家庭成员作为图书馆的管理者和服务提供者，面向社区邻里、亲朋好友提供图书阅览、图书借阅、阅读活动等文化服务。"邻里图书馆"建设将家庭这一私人空间的功能进行了延伸拓展，使其在一定时间内转变为公共文化空间，面向社会公众提供公共文化服务。此外，"邻里图书馆"由公众自行管理运营，提供公共文化服务，使公众从公共文化服务接受者转变为公共文化服务供给者，助力基层公共文化服务治理创新。

图 2-46　"邻里图书馆"以家庭为单位，自主开展社区阅读活动

　　五是"青葵图书馆"。这是在青少年文化宫内建设的图书馆，是将佛山市"联合图书馆"的资源与服务嵌入青少年文化宫服务体系之中形成的功能融合空间。2021 年，佛山市图书馆和佛山市青少年文化宫依托佛山市公共文化设施联盟开展联动合作，以"服务体系互搭互嵌、优质资源共建共享"为总体思路，试行公共图书馆服务体系与青少年文化宫服务体系二元融合的"N×N"创新战略合作模式，推动公共文化机构融合共建，"青葵图书馆"是其代表成果。

　　六是"顺图书房"。这是在顺德区新时代文明实践中心的指导下，围绕顺德"以水兴城"的思路，探索顺德文化高质量发展新路子，进一步提升顺德的滨水文化品质，应用智能化设备，打造的一批环境优美且具有顺德特色的公共文化新空间。

图 2-47　佛山市青少年文化宫（第二宫）青葵图书馆

图 2-48　顺峰山公园顺图书房

七是"粤书吧"。2020 年广东省文化和旅游厅为推动文旅融合发展，推出"粤书吧"空间品牌。通过嵌入方式，按照"一吧一特色"的原则，在街区、景区、园区、公园、酒店、民宿、旅游交通集散地（机场、高铁站、客运站、高速公路服务区等）等人流密集地区，设立当地图书馆分馆或服务点，打造多业态融合的公共文化新空间。佛山市、区两级图书馆共同推进"粤书吧"建设，从景区、园区、公园不断向社区辐射。

图 2-49　尚书阁粤书吧

八是"粤文坊"。2022 年，广东省文化和旅游厅在全省范围试点开展"粤文坊"建设工作，推动文化馆与社会力量合作，打造提供展览展示、参观体验等多元服务的文化和旅游宣传阵地。佛山市因地制宜，选择交通便利、人流密集的景区、街区、商业区进行合作共建，由佛山市文化馆牵头，全市文化馆站联盟注入资源，开展多元服务。

10.1.3　活化式的乡村美育空间

佛山市以乡村文化振兴为抓手，通过探索"祠堂+文化"、古建筑活化的乡村文化发展新模式，用好用活乡村传统文化空间，实现"公共服务+优秀传统文化传承保护+道德教化"有机融合，进一步提升基层治理水平。

一是"祠堂+文化"系列空间。佛山市三水区通过祠堂的硬件设施提升和内涵建设，按照"1+4+N"的模式对乡村祠堂进行现代化重构。其中"1"是指一个阵地——祠堂；"4"是指 4 个硬指标，即新时代文明实践活动场所、村史馆、民俗文化活动、文艺队；"N"是指多个文化元素，包括图书阅览室、文化室、文化服务人员、文化志愿服务队、公益电影播放、数字服务。逐步形成"一祠堂一品牌"的格局，开辟出一条传统文化与新时期党建、美丽乡村建设、基层治理相结合的路径，实现了文化聚民、文化悦民、文化惠民的新局面。

二是"古书舍"系列空间。三水区云东海街道对荒废的乡村古建筑进行修葺活化，配置图书资源与图书借阅设备，将其打造为现代化的乡村公共文化新阵地。

10.2　标准引领，推动城乡一体建设

佛山市针对各类型公共文化新空间制定了相应的建设方案、绩效管理办法及建设服务规范，以标准化建设推动城乡公共文化新空间一体建设。例如，"企业文化家"项目在启动前即形成了《佛山智造·企业文化家建设方案》，明确了建设原则、建设目标、建设主体、进度安排和保障机制，有效推动项目实施。在"企业文化家"运营管理的过程中，总结提炼了一系列的服务和管理规范，形成了《"佛山智造·企业文化家"建设管理规范（试行）》，推动项目按统一的标准快速落地。在佛山市创建广东省公共图书馆区域一体化服务标准化试点的进程中，进一步制定了《企业文化家建设运营管理规范》，促进该项目的规范化服务和管理。

10.3　政社合作，促进多元融合发展

积极引入社会力量参与共建融合图书阅读、艺术展览等多元服务的新型文化业态是公共文化新空间建设的重要途径。佛山市公共文化新空

间建设坚持政社合作、多方联动，从政社合作的方式来看，现有的公共文化新空间大致分为"公办民助"和"民办公助"两种类型。

"公办民助"类公共文化新空间多指由政府提供场地设施，并交由社会力量来运营管理，如禅城区的"尚书·文华"。该空间是禅城区首个探索"政府载体+社会运营"公共文化设施项目社会化运营模式的试点。① 由禅城区图书馆和文化企业合作共建，政府提供场地，企业负责日常运营，空间内部既有仅供借阅的公共图书馆藏书，也有可供售卖的图书，是融合阅读、展示、休闲、活动等多元服务的空间。

"民办公助"类公共文化新空间多见于嵌入式的复合功能空间，即由社会力量提供空间场地、设施设备等，政府负责提供公共文化服务资源，如"企业文化家"。该空间由企业提供场地，负责场馆设计与装修、设备配置和日常运营管理；市图书馆牵头完成"企业文化家"市级示范点建设，主要负责方案制定、场地勘察、协议签署、图书资源输送、文化资源对接等工作；市文化馆、市博物馆、市工人文化宫等公共文化机构负责"企业文化家"的资源提供和服务输送。"企业文化家"包括图书阅读区、展览展示区、多功能活动区等基本区域，条件允许的还配置了健身区、轻餐饮区等提升区域，体现出"阅读氛围+文化元素+企业氛围"的特点。

10.4　互搭互嵌，推动机构共建共享

佛山市注重各公共文化机构之间的联动融合，以服务对象为切入点，探寻公共文化服务机构合作点，构建公共文化新空间，整合各方优

---

① 佛山市禅城区人民政府. 引入社会力量　唤醒文化能量［EB/OL］.［2024-08-17］. https://www.chancheng.gov.cn/gkmlpt/content/5/5573/post_ 5573398.html#47.

质服务资源，推动公共文化服务提质增效。

"青葵图书馆"是佛山市图书馆与佛山市青少年文化宫联动共建的图书馆，是佛山市图书馆与佛山市青少年文化宫双体系战略合作项目的成果之一。两方依托佛山市公共文化设施联盟联动合作，以"服务体系互搭互嵌、优质资源共建共享"为总体思路，促进跨界融合发展，推动双方共建共享场地、师资、创意，以资源共享提升服务效能。

10.5　盘活资源，重构乡村公共空间

乡镇、村等地具有丰富的优秀传统文化、民俗文化、非遗、古村落、历史文化遗迹、乡土文化等资源，既是宝贵的精神文化财富，也是联系邻里的重要纽带。公共文化新空间的建设应偏重这些资源的活化利用与创新发展。

佛山市注重以公共文化新空间建设为抓手，盘活乡村优秀文旅资源，推动乡村传统空间重塑升级。"旅图·晓读夜宿"民宿图书馆是佛山市图书馆与位于逢简水乡、紫南村等旅游景区和乡村的民宿合作共建的融合民宿服务、图书借阅、非遗展示等服务的公共文化新空间。"旅图·晓读夜宿"民宿图书馆在建设过程中注重结合空间特色与周边旅游资源特色，打造主题文化空间，不仅丰富了乡村地区公共文化服务种类，还带动了当地文化产业和乡村旅游业发展，推动乡村特色文化创造性转化和创新性发展。

三水区从辖区内祠堂资源丰富的实际出发，采用政府推动、示范带动、多方联动的工作模式，以"1+4+N"的标准对祠堂进行现代化重构，通过"祠堂+文化"的形式，赋予其现代公共文化内涵。通过提升祠堂的硬件设施和文化内涵，三水区将乡村祠堂构建为多功能基层文化服务点，拓展乡村公共文化空间。

三水区云东海街道通过对辖区内荒废的乡村古建筑进行修葺活化，融入岭南文化和建筑特色，配置图书资源与借还设备，举办读书会、朗诵会等文化活动，把"古书舍"打造成具有地方特色的文化长廊，拓展乡村公共文化新阵地。

10.6　公众自治，推动基层服务创新

深化公共文化服务体制机制改革，创新管理方式，扩大社会参与，形成开放多元、充满活力的公共文化服务供给体系，是公共文化服务高质量发展的重要途径之一。

佛山市倡导全民参与文化治理，以家庭赋权和赋能的理念吸引市民参与"邻里图书馆"项目建设，让公众成为图书馆的馆长，对空间进行管理运营，面向社会提供公共文化服务，创新基层公共文化服务方式。"邻里图书馆"将图书馆开进公众家中，打通了公共文化服务"最后一米"，织密和完善了公共文化服务网络。

10.7　示范引领，塑造品质公共空间

佛山市坚持以创新驱动公共文化新空间建设，探索出很多具有示范引领意义的新空间品牌，获得了业界广泛认可。其中，"邻里图书馆"系第三批广东省公共文化服务体系示范项目，荣获 2020 年国际图联国际营销奖第一名，在其基础上推出的"易本书"家藏图书共享服务项目（Ex-Book），荣获 2023 年国际图联国际营销奖第三名。"39°智能文化家"荣获 2018 年中国图书馆学会阅读推广委员会授予的"发现图书馆阅读推广特色人文空间"称号；"'图书馆+民宿'：文旅融合背景下公共图书馆服务体系创新的佛山实践"（"旅图·晓读夜宿"民宿图书

馆）、"'祠堂+文化'——乡村振兴中的基层文化发展模式"（三水区"祠堂+文化"）荣获广东省 2020 年度文化和旅游公共服务体系建设优秀案例；以"青葵图书馆"为代表成果的佛山市图书馆与佛山市青少年文化宫双体系战略合作项目获评 2021 年度广东省公共文化服务优秀案例，并被北京大学教授、国家文化和旅游公共服务专家委员会首席专家李国新赞赏，李教授称其是率先贯彻落实"十四五"高质量发展战略中关于公共文化机构融合联动的创新之举。"民国书舍粤书吧"荣获 2021年度广东省"粤书吧"建设最佳实践案例；"佛山市顺德区渔人码头顺图书房""佛山市南海区读书驿站（西樵·观心小镇站、粤书吧）"入选"2022 年广东省最美新型公共文化空间案例"。

11 韶关市"风度书房":四级联动,城乡公共文化一体发展

为进一步推动全民品质阅读,探索"十分钟文化圈"建设,2017年韶关市委、市政府投入 1800 多万元,启动城区智慧图书馆"风度书房"建设,打造集信息共享、交流、学习于一体的综合性空间。① "风度书房"得名于出生在韶关的唐代名相张九龄,其洒脱豁达、刚正不阿、淡泊谦让的"九龄风度"是韶关市最亮眼的人文标识。韶关市坚持"政府主导,市民参与"的基本原则,积极与社会力量合作共建"风度书房",活用社会资源,推进公共文化服务阵地建设。"风度书房"面向公众免费开放,同时开展"风度沙龙"阅读推广活动,吸引大量群众到馆阅读、休闲、娱乐,极大丰富了韶关市人民群众的生活。

2017 年 6 月,韶关市第一家"风度书房"建成开放。韶关市坚持以群众文化需求为导向,以广东省委"百县千镇万村高质量发展工程"为契机,持续创新,推出"风度书房"品牌,着力打造"家门口的图书馆",巩固完善城乡公共文化服务体系,推动书香阵地向基层延伸,实现"风度书房"中心镇全覆盖,总体上形成了以市区为中心、辐射城乡的公共文化服务网络架构,有效丰富和满足群众精神文化需求。截至2023 年底,全市已建成 95 间"风度书房",其中市区 33 间、县城 27

---

① 广东省人民政府. 韶关探索公共文化服务供给侧改革提质增效 "风度书房"点亮 "文化灯塔" [EB/OL]. [2024-08-19]. https://www.gd.gov.cn/zwgk/zdlyxxgkzl/gyxhd/content/post_ 2269941.html.

间、乡镇 34 间、村 1 间，累计接待读者近 900 万人次，借阅图书 225.7 万册次。①

11.1　高位推进完善布局，制度保障标准建设

韶关市委、市政府将"风度书房"建设纳入为民办实事项目，建立健全工作机构，确保"风度书房"建设做到资源整合、分工明确、步调一致、形成合力、有序推进。韶关市践行以人民为中心的发展理念，注重"风度书房"的合理选址，重点在人流密集区域以及相对偏远的大型住宅小区和公共文化设施匮乏区域布点，合理安排文化服务半径，将公共文化服务植入公众日常生活。同时，为规范"风度书房"的建设与服务，韶关市政府制定并不断完善"风度书房"的制度体系，出台《韶关市风度书房建设选址要求》《韶关风度书房建设和服务标准（草案）》《韶关市推动风度书房在各县（市、区）落地建设工作方案》等一系列政策，规范"风度书房"的选址布局、空间设计、建设主体、合作对象，以及布展、服务、管理和考核等内容。"风度书房"坚持统一书房设计与装修、统一配送图书和设备、统一形象标识、统一服务管理、统一运营维护，以"五统一"标准促进规范化建设，形成"风度书房"建设风格，打造城市文化名片。

---

① 腾讯网. 走进"岭南第一人"故里，重新发现大湾区"康养地"韶关［EB/OL］.［2024－08－17］. https://baijiahao. baidu. com/s? id = 179738481834229 7629&wfr = spider&for = pc.

11.2　撬动社会力量参与，盘活社会闲置资源

　　"风度书房"遵循"政府主导、市民参与"原则，主动与企事业单位、社区或个人等合作，形成了"政企共建""企业援建""个人捐建"等多元建设模式。在书房的建设管理中，各类社会力量负责提供场馆，图书馆负责提供专业服务，多方合作打造符合群众需求的阅读空间，实现布局、环境和服务等方面转型升级，有效地盘活社会闲置资源，扩大社会参与面。一方面，"风度书房"通过购买专业服务的方式，解决物业保洁和图书巡架等日常运营维护管理工作难题；另一方面，向社会公开招募"风度书房志愿者"，负责定期整理、轮换图书和服务群众。目前，"风度书房"已经建成"志愿者组织—志愿者组长—志愿者"三级管理模式，风度书房志愿者服务团队已达 4229 人，累计志愿服务时长 55 万小时。

11.3　创新设计特色空间，智慧服务提高效能

　　"风度书房"充分挖掘韶关市丰厚的历史文化资源和自然景观元素，探索"一馆一风格""一馆一特色"的新型文化空间发展路径。例如，风度书房中山公园分馆融入韶关机场、北伐战争、复兴号等文化元素，陈设了飞机模型；风度书房利民分馆融入"工业风"、咖啡馆元素，凸显韶关工业文化印记特色；风度书房韶州公园分馆融入兰花元素，打造兰花主题分馆等，满足读者分众化、多样化的精神文化需求。同时，韶关市充分考虑各类读者群体的需求偏好，提供特色便民服务，例如，风度书房惠民分馆设置免费的朗读亭，配备完整的录音设备和隔音玻璃；风度书房熏风路分馆设置听书机及电子书籍扫码阅读瀑布屏等设备；风

度书房马坝人遗址分馆与本地茶企合作，设立品茶区，提供新型化、多元化的服务。

除了注重空间设计之外，"风度书房"还注重提供智能服务，提升服务体验。一方面，"风度书房"打造了总监控平台和图书馆联盟建设平台的"双平台"管理体系。总监控平台实现 24 小时监控管理，智能控制室内空调和阅读灯等设施，适时播放语音温馨提醒。图书馆联盟建设平台由韶关市统筹指导搭建，作为韶关市图书馆总馆与"风度书房"各分馆之间的统一技术平台，整合市、区公共图书馆文献资源，实现总馆与各分馆之间的通借通还、书刊统一检索、图书借阅汇总及轮换等方面的大数据管理，为以后接入智慧城市、进行大数据分析提供了可能。另一方面，"风度书房"从提高文化产品的质量和服务供给的效率出发，打造具备场景展示、监控预警、指挥调度等集成功能的"风度书房智慧中心"管理平台，向社会公众展示"风度书房"概貌，是展示韶关市民文明行为和阅读风尚的重要窗口。同时，为方便读者入馆、借阅，"风度书房"在日常管理上兼顾传统方式和现代科技手段，读者既可以使用借书证或身份证入馆，又能通过扫码、人脸识别等方式入馆借阅。此外，"风度书房"还提供图书和文创品售卖、轻食餐饮等服务，丰富读者体验。

图 2-50　"风度书房"内景

11.4 推动服务品牌建设，打造立体宣传矩阵

　　"风度书房"推出"风度沙龙"阅读推广活动，每周举办 1 至 2 期活动，活动形式包括名家讲座、分享会、亲子活动、手工制作等。活动内容涵盖文学、艺术、音乐、美术、心理及传统文化和家庭教育等方面，为广大读者搭建以书会友、思想交流的平台。"风度沙龙"秉承与社会机构合作共赢的基本理念，积极吸引社会力量参与社会教育公益活动，充分发挥社会各界的力量。截至 2024 年 4 月，"风度书房"举办"风度沙龙"等系列的活动 639 场，惠及近 4 万人次。

图 2-51　"风度书房"外观

　　同时，韶关市政府注重"风度书房"的宣传推广，通过"风度书房"口号和图标征集大赛活动，汇集全市人民智慧，设计推出"小书房

大风度"空间宣传语，让小小的"风度书房"延续韶关市历史名人张九龄的"大风度"，塑造韶关城市文化气质。为保护"风度书房"项目品牌和标识，加快"风度书房"品牌化宣传和推广，韶关市政府申请注册了"风度书房"系列标识的商标。此外，韶关市主动与各类媒体合作，利用广播、电视、报纸、杂志、网站、微信等不同媒介形态，打造全方位的宣传矩阵，对"风度书房"进行宣传，提高其社会关注度。

⑫ 河源市"源·悦"书屋：社会参与，打造特色美观空间

近年来，河源市公共图书馆事业有了较快的发展，但城乡发展不平衡、不充分的矛盾依然十分突出，城乡之间公共图书馆服务水平存在较大差距，城乡居民在享受公共图书馆服务方面存在不均等的问题。为贯彻落实中共广东省委办公厅、广东省人民政府办公厅《关于加快构建现代公共文化服务体系的实施意见》和河源市《加快构建现代公共文化服务体系实施方案》，促进城乡公共文化服务资源共享、协同发展，河源市图书馆在河源市文化广电旅游体育局的领导下，充分调研河源市城乡居民在公共图书馆服务方面的需求，推出"源·悦"书屋项目。

"源·悦"书屋是自助化、便利化的图书馆，读者可以使用身份证、读者证刷卡进入，也可以选择刷脸进入，"源·悦"书屋开放时间为每天早上 7 点至晚上 10 点①，有助于解决城乡居民"借书难、看书难"问题，保障城乡居民平等获取知识和信息的权益，促进全市人民共享社会进步与文化发展的成果。2019 年 5 月，由河源市文化广电旅游体育局主办的全市第一家自助图书馆——"源·悦"书屋和河源市文艺家创作室正式揭牌②，标志着河源市公共文化服务建设开启新篇章。

---

① 河源文明网. 首个自助书屋开放　处处飘逸书香文化［EB/OL］.［2024-08-19］. http://hy. wenming. cn/wmfocus/201905/t20190529_ 5874316. htm.

② 河源市人民政府. 全年开放！河源首家自助图书馆亮相，爱看书的你怎能错过［EB/OL］.［2024-08-19］. http://www. heyuan. gov. cn/zwgk/zdlyxx/shgysy/content/post_ 267337. html.

2020 年，河源市将大力推进公共图书馆城乡一体化建设纳入十件民生实事之一，同时大力推动"源·悦"书屋建设。截至 2024 年 3 月，河源市共建成"源·悦"书屋 15 家，打造"市民家门口的图书馆"，有力延伸了公共文化服务触角，让公众共享文化资源。以"源·悦"书屋为代表的公共文化新空间建设突破了河源市图书馆馆舍建筑的功能局限，有效提高了图书馆文献资源的利用率，拓展了图书馆服务外延，提高了图书馆服务的便利性。

12.1　撬动社会力量参与，拓展文化服务阵地

2019 年，在河源市委、市政府的主导下，河源市全面开展公共图书馆城乡一体化服务体系建设工作，同时致力于打造河源人都市阅读生活的"15 分钟阅读圈"，实现文化惠民。河源市图书馆作为主要负责机构，按照结构合理、发展均衡、网络健全、运行有效、惠及全民的原则，坚持政府主导、市馆统筹、联动协作、社会参与的建设方针，构建以县（区）图书馆为总馆，乡镇（街道）文化站、"源·悦"书屋自助图书馆为分馆，村（社区）综合文化服务中心为基层服务点，各类社会共建点为延伸服务点的公共图书馆城乡一体化服务体系，不断完善四级公共图书馆服务网络。

图 2-52　"源·悦"书屋市总工会分馆

在实践中，河源市图书馆持续探索与社会力量共建公共文化新空间的发展模式，积极引导和鼓励各种社会力量参与"源·悦"书屋自助图书馆的建设与运营，不断拓展公共文化服务阵地。河源市图书馆通过与机关单位、企业、社区等组织开展合作，整合多方资源，在大型居住小区、工业园区、政务中心、公园、花店、民宿、酒店、旅游景区等地建设"源·悦"书屋，打造宽领域覆盖、高标准的公共文化空间品牌。

"源·悦"书屋作为集雅致生活、书香阅读、文化体验、读者自修于一体的多维复合式的公共文化空间，通过不断延伸公共文化基础设施建设网络，拓建公共文化服务版图，有效地激发公众参与文化生活的热情，丰富公众日常生活，提高公众满意度与获得感。例如，"源·悦"书屋花艺主题馆自2020年建成至今，通过花艺、茶艺、传统客家服饰等公益课程，传播传统文化思想，弘扬传统文化精神，普及传统文化方

图2-53 "源·悦"书屋花艺主题馆活动现场

法；截至 2024 年 3 月，开展以"书香满园 花香沁心"为主题的花艺讲堂 47 场，参与活动 721 人次。"源·悦"书屋参与广东图书馆学会组织的"共读半小时"活动、以"品味书香·享阅读之乐"为主题的阅读推广活动、义写春联活动、"三八"妇女节"花倾城绽放 万般芳华"花艺主题活动以及清明节亲子活动等共计 34 场，参与活动约 1700 人次。此外，为了让读者体验更舒适、温馨的阅读环境，社区工作人员组织开展志愿活动，协助河源市图书馆维护"源·悦"书屋自助图书馆馆内的清洁卫生、图书整架和馆内秩序，并不定期组织孩子开展阅读推广活动。

12.2　挖掘多元文化元素，打造特色美观空间

"源·悦"书屋注重空间的优化设计，挖掘城市本地文化与阅读元素，打造特色美观空间。例如，"源·悦"书屋万绿湖分馆的外墙设计为一层层的书页铺开延伸，犹如书的海洋，河源市生态标签万绿湖、桃花水母等元素也被融入外墙设计，"万绿湖'粤书吧'"（"源·悦"书屋万绿湖分馆）获评为 2021 年度广东省"粤书吧"建设最佳实践案例。由河源市图书馆与大型社区合作建设的"源·悦"书屋保利生态城分馆，以世界著名画家梵高的《星月夜》为设计理念，融入星空元素，同时结合圆形天窗设计，白天引入室外自然光线供读者阅读，夜晚读者抬头就能看到星辰闪烁，让读者仿佛置身于名画《星月夜》之中。"河源市图书馆保利生态城分馆"（"源·悦"书屋保利生态城分馆）入选"2022 年广东省最美新型公共文化空间案例"，现已成为热门的市民"打卡点"。

图 2-54 "源·悦"书屋万绿湖分馆

12.3 技术赋能文化服务，提升书屋服务效能

为进一步提升"源·悦"书屋自助图书馆的管理和服务效能，河源市积极探索技术赋能文化服务的实现方式。河源市在"源·悦"书屋内安装物联网设备，实时监测书屋的运行状况，获取实时画面与服务效能数据，并对数据进行统计分析，在此基础上不断探索提升服务效能。河源市图书馆负责"源·悦"书屋自助图书馆的图书配送、分拣、转运及相关管理工作，并基于服务效能数据，针对不同读者群体优化"源·悦"书屋馆藏结构，有效盘活图书资源。

目前，河源市图书馆和各县（区）图书馆已经构建一体化的服务体系，读者通过任一图书馆自助设备即可借书还书，有效延伸河源市图书馆的文化服务半径，减少读者借阅所需要的时间成本，进一步提升"源·悦"书屋对公众的吸引力及其整体服务效能。

13 惠州慈云图书馆社会合作共建分馆：跨界融合，打造分级阅读空间

为解决惠州市城乡区域公共文化服务发展不均衡、公共阅读空间数量少、类型单一、服务效能较低等问题，惠州慈云图书馆立足地区发展要求，根植本土文化，创新探索城乡公共文化空间建设新路径，不断拓展图书馆总分馆体系，完善公共文化服务体系建设。为拓展城乡公共文化空间，惠州慈云图书馆积极开展空间再造、场地升级、专业化服务等工作，探索与社会力量合作共建机制，跨界融合社会各类优质资源，在企业、学校、部队、社区、景区、民宿、大型商业综合体等地建设图书馆分馆或服务点，在全市范围内建成了一批主题鲜明、氛围浓厚，具有文化休闲、沟通交流、学习教育和图书馆服务的多功能融合的公共文化新空间。阅读空间坚持"一空间一特色"建设原则，实现"统一管理平台、统一资源编目、统一服务标准"的一体化管理。每一空间根据主题、选址、面积等因素，配置相应的专题文献资源、智能化自助设备，有序开展特色品牌活动。

13.1　跨界融合多元业态，打造多种空间模式

以满足群众公共文化需求为出发点，惠州慈云图书馆找准定位，主动拓展图书馆服务边界，探索公共图书馆与机关单位、社会组织、学校、商场和社区等不同主体合作共建阅读空间的新模式，推动阅读空间与文化、旅游、教育等领域的深度融合。在原有的体系及馆舍基础上，

惠州慈云图书馆联合不同行业机构，通过实施文化空间再造和特色空间建设，以特定服务对象或特色主题为切入点，打造兼具图书馆文化属性和其他机构特色功能的公共文化新空间，让人民群众享受便捷、多元、优质的公共文化服务。

图 2-55　肯德基声阅推广基地

这些社会力量合作共建阅读空间主要有四种类型。一是主题图书馆，如以未成年人为主要服务对象的肯德基声阅推广基地和青少年服务中心分馆，与商场合作共建的港惠购物中心分馆，与机关、部队共建的法律主题分馆、红色党建书吧和平潭机场分馆。二是规模较小的特色服务点，包括与学校合作共建的惠州市麦地小学、特殊学校、惠城区芦岚中学等服务点，以及分布在社区的御景花园服务点、分布在乡镇的三栋镇鹿颈村服务点。三是省级阅读点"粤书吧"。例如，合江楼景区的合江楼粤书吧是蕴含惠州特色文化和历史意义的文旅新坐标；坐落在西湖景区祝屋巷内的爱树观湖书院粤书吧则选址在一间集 24 小时咖啡书店、精品客房、特色料理和文化休闲服务于一体的特色民宿内，提供多元服务。惠州市"粤书吧"建设结合社会力量合作方的特点，配置了以文学、历史、浮雕、陶艺、建筑设计、民宿管理和手工制作为主的主题文献资源，并精心挑选了一批具有本地特色的历史、文化和民俗文献，打造了读书分享、创意体验和艺术沙龙等主题活动，为市民和游客提供多层次和多样化的文化体验。四是以"惠享书房"为代表的惠享文化空间，如选址在东江公园、惠州丰湖书院、上臻园和南城社区的惠享书房。这类空间地理位置优越，环境简洁雅致，配备智慧化服务设施设备，通过将丰富的馆藏资源、便捷的服务和优美的阅读环境嵌入公园、景区和社区中，实现了本地区公共文化服务高质量供给，满足读者精神文化需求，迅速成为深受公众喜爱的公共文化新空间。

图 2-56 爱树观湖书院粤书吧

13.2 纳入全市阅读网络，开展一体规范管理

惠州慈云图书馆社会力量合作共建分馆或服务点作为城市阅读服务网络的重要节点，成为城市中心图书馆的有力补充，为市民提供均等、便利的阅读服务。这些阅读空间由惠州慈云图书馆主导建设，空间布局合理，设施设备先进，设计兼具标准化与特色化，并被纳入总分馆服务

体系，按照"全市统一、规范管理、分级运行"的模式，与市内各级公共图书馆、分馆以及服务点共同发展，实现全市公共图书馆服务网络有效覆盖、文献通借通还和数字图书馆全覆盖，助力打造"城乡一体 15分钟文化圈"。

为规范体系内各级阅读空间的管理，惠州慈云图书馆出台惠州市地方标准《公共图书馆服务规范》，对惠州市区域内的市级、县（区）级公共图书馆、乡镇（街道）图书馆分馆（室）、村（社区）图书室的术语、定义、体系架构与功能、服务资源、服务效能、服务内容、服务宣传、服务监督和反馈做了明确的规定。对于社会力量合作共建分馆或服务点，惠州慈云图书馆设计了《惠州慈云图书馆新型阅读空间建设协议书》，进一步明确共建双方在运行管理、资源配置、服务范畴和效能考核方面的责任，为不断完善公共文化服务体系建设，提升公共文化新空间运行、管理和服务效能，营造浓厚的阅读氛围，推动全民阅读工作纵深发展，打造学习型社会，建设"书香惠州"奠定了坚实的基础。

13.3 分类精准投送服务，打造特色活动品牌

惠州市图书馆与社会合作共建的阅读空间综合周边社区的居民需求、地理位置及合作共建社会力量的属性，清晰定位自身服务功能，针对服务目标群体的特性，科学设置空间功能布局，提供个性化服务，打造特色品牌活动，以高品质的阅读体验，为读者提供与其需求相匹配的文化服务，实现"一空间一特色一品牌"的目标。以惠州慈云图书馆港惠购物中心分馆"童·阅空间"为例，该馆由惠州慈云图书馆与惠州港惠购物中心共建，于 2021 年 6 月 1 日开放，主要服务对象为周边社区的未成年人，装修色彩以蓝、白色为主。根据儿童的年龄特点和阅读喜好，"童·阅空间"内部分成了阶梯阅读区、亲子阅读区和青少年阅读

区，配置了充满童趣的书架、个性化装饰，以及集办证、借还、查询等功能于一体的自助设备，藏有经典名著、科普知识和绘本故事等少儿图书近 4000 册，并打造了"心随手动"手工坊、"蚂蚁故事绘"等品牌活动，受到了广大市民的青睐。

图 2-57　惠州慈云图书馆港惠购物中心分馆"童·阅空间"

位于惠州市青少年宫内的青少年服务中心分馆，配有图书 2280 册，以"青苗悦读汇"为主题，为读者提供图书借阅、阅读推广和传统文化体验服务。位于惠州市御景花园小区的阅读空间，以社区居民为主要服务对象，配备图书 4000 余册，成为惠州市首个实现通借通还的社区服务点，定期举办"阅读点亮童年""桑榆小课堂"等品牌活动。惠州慈云图书馆设立的特殊学校服务点，配备有盲用电脑、助视器和盲文图书，定期为该校启明班学生举办"阅光同行""心心相阅 同听共读"等品牌活动，保障视障群体均等地享受公共文化服务。惠州慈云图书馆主办的合江楼粤书吧和爱树观湖书院粤书吧，则分别以"图书馆+文旅坐标"和"图书馆+民宿"为特色亮点，结合本地特色和历史文化，以

"品读惠州"为主题，开展了"林语堂笔下的苏东坡""读苏东坡·品东坡诗词"等读书分享会和创意体验活动，吸引了大批市民和游客参与。

此外，惠享书房精心打造"惠享·阅四季"品牌活动，根据书房选址和定位，结合重要节日、社会热点，针对不同群体开展"艺术品鉴沙龙""传统文化讲堂""科普自然课堂""非遗微剧"等优质、多元的文化活动，通过小众化的高品质文化供给，为广大市民读者打造本地区公共文化空间高质量服务标杆，推动全市公共文化服务水平和效能的有力提升。

14 东莞市"城市阅读驿站"：联动一体，助推文化强市建设

自 2004 年城市图书馆公共服务体系建设工作开展以来，东莞市积极部署建设"图书馆之城"。为进一步完善公共图书馆服务体系、推广全民阅读、延伸图书馆总分馆建设，2017 年，东莞市启动"城市阅读驿站"建设项目，引入社会力量参与公共文化服务建设，建成一批高品质、多元化的新型城市阅读空间。2020 年，结合全省"粤书吧"项目建设，东莞市开启"粤书吧"与"城市阅读驿站"双品牌建设运营的模式，持续推进"城市阅读驿站"建设，使其成为全市图书馆总分馆体系建设的重要文化品牌。2022 年，站在"双万"新起点上，东莞市推进文化强市建设，相继出台《中共东莞市委、东莞市人民政府关于推进文化强市建设的意见》《东莞市人民政府办公室关于印发〈东莞市公共文化服务高质量发展实施方案〉的通知》，坚持"政府主导+社会参与"的原则，汇聚全市各方力量，整合优势资源，融合多种业态，统筹建设空间形态"美"、内容品质"好"、服务效能"高"、运营机制"新"的公共文化新空间。预计到 2026 年，东莞将建成不少于 300 个城市阅读驿站，更好地满足千万人口日益增长的精神文化需求，助力文化强市建设。

"城市阅读驿站"是嵌入市民日常生活的公共文化新空间，自 2017 年启动建设以来不断取得新成效，形成新亮点，深受市民喜爱和认可，社会效益显著。遍布城市不同角落的各类型"城市阅读驿站"，似一个个"小而精、小而美、小而特"的"精神粮仓"，成为市民身心的休憩

港湾，让"书香东莞"更有质感、更有温度。截至 2023 年 12 月，东莞市建成总馆、分馆、服务站/图书流动车/24 小时自助图书馆/城市阅读驿站/绘本馆的三级网络，形成多种形态的公共图书馆布局，其中，"城市阅读驿站"建成数量达 139 个（含 25 个"粤书吧"）。"城市阅读驿站"被纳入全市通借通还服务网络，有效实现全市 33 个镇街（园区）24 小时自助借阅服务体系的全覆盖。2023 年，全市 139 个城市阅读驿站进馆人次达 200.38 万，深受市民群众的喜爱和认可。

14.1 政府引导社会共建，市镇联动分级管理

东莞市聚焦公共文化服务高质量发展目标，市、镇两级迅速行动，积极部署公共图书馆总分馆体系建设，以多种形态的阅读空间铺设全市公共图书馆服务点，其中，"城市阅读驿站"成为社区公共文化服务的重要延伸。与其他形态的阅读空间不同，"城市阅读驿站"致力于提供高品质、多元化阅读服务，选取受众广泛且易于改造升级的场所，通过图书馆与企事业单位合作的方式，以"图书馆+"的形式引入多种服务

图 2-58　东莞图书馆万科金域东方城市阅读驿站

业态，为社区居民提供图书阅读和借还服务，盘活馆藏资源的同时，提升合作单位的品位和档次，实现双赢。目前，"城市阅读驿站"有多种类型合作对象，例如，与事业单位、高品质餐饮店、楼盘小区等合作共建，与村（社区）合作升级服务点，均取得较好成效，让群众在办事和休闲中享受公共文化服务的便利。

东莞市辖区划分为 4 个街道、28 个镇和 1 个园区，公共图书馆服务体系实现全市 33 个镇街（园区）24 小时自助借阅服务全覆盖，"城市阅读驿站"是其中的重要组成部分。按照"市管镇、镇管驿站"的原则，市总馆负责业务统筹，镇街文化服务中心或分馆负责"城市阅读驿站"的日常管理和监督，合作方负责协助运营、常规管理和日常维护，同时采用全市图书馆总分馆业务管理系统，实现通借通还，便于人员培训、数据统计及业务指导。2020 年底，东莞图书馆自行设计研发了东莞图书馆业务绩效评估系统平台，将"城市阅读驿站"的业务数据纳入平台管理，一体化监测并管理全市驿站的业务数据。

14.2 统一标识品牌管理，丰富内涵提升品质

为提升"城市阅读驿站"的品牌影响力，让更多市民了解家门口的阅读空间，2017 年东莞市印发《关于东莞市"城市阅读驿站"项目统一标识和命名的通知》，明确各镇街（园区）在建设"城市阅读驿站"时，采取统一的驿站命名规则和统一标识，建立公共文化服务品牌。

2020 年，响应全省开展"粤书吧"建设的号召，东莞市

图 2-59 城市阅读驿站统一标识及命名

积极探索双品牌运营的有效机制，融合"城市阅读驿站"及"粤书吧"两个品牌的特点和资源，创新阅读空间的运营模式。截至2023年12月，全市139个城市阅读驿站中，有25个为双品牌建设阅读空间。"城市阅读驿站"及"粤书吧"双品牌的融合建设，旨在打造集知识性、趣味性和功能性于一体的文旅融合阅读空间，充分体现"共建共享共赢"的建设理念，深化了阅读空间的功能内涵。以东莞图书馆茶山分馆新城公园城市阅读驿站（茶山新城公园粤书吧）为例，在原城市阅读驿站的基础上，合并"粤书吧"品牌，在阅读服务的基础上，引入体育、旅游相关设施设备，配备静音健身单车等健身器材及可供展示茶

图2-60 东莞图书馆茶山分馆新城公园城市阅读驿站

山文旅风采的产品展示专柜，同时配备专业急救医疗设备自动体外除颤仪（AED），打造具有阅读、活动、展示、休闲等多元服务的文旅体服务空间，全面推进"书香茶山，健康茶山"建设。

14.3 规范建设长效运营，凸显特色配套资源

为规范"城市阅读驿站"的建设、管理、运营、评估等工作，东莞市先后出台《东莞市"粤书吧"（城市阅读驿站）实施方案》《东莞市新型公共文化空间建设工作方案》和《2023年东莞市新型公共文化空间建设补助方案》等政策文件，进一步明确"城市阅读驿站"的共建模式、运营方式及相关建设标准和要求。各镇街（园区）在启动"城市阅读驿站"建设前，要做好选址规划工作，利用有限的财政投入盘活更多

的社会资源。与社会力量合作过程中,需明确驿站建设的基础条件及配备设施,约定建设和服务规范,签订服务运营合同,明确责任主体。驿站建成后,除提供日常借阅服务外,还需要积极做好阅读宣传工作,不定期组织开展读者活动。按照规范,每个驿站每年须开展阅读推广活动不少于 12 场,以保持阅读空间的活跃度。

图 2-61 东莞图书馆南城分馆晓—文化城市阅读驿站

图 2-62 东莞图书馆凤岗分馆雁田村雁湖公园城市阅读驿站

根据建设规格、选址、投入、合作对象等情况,"城市阅读驿站"主要按以下几种类型推进建设:

一是标杆型城市阅读驿站。高颜值、高品质的内外兼修公共文化新空间,共建模式不限,空间形态"美"、服务功能"优"、运营管理"新"、服务内容"特"几个特点均较突出,能够满足市民多元化的文化需求,示范作用发挥明显,在区域范围有较高的社会影响力。

二是乡村提升型城市阅读驿站。与乡村振兴战略项目、美丽宜居村建设结合，凸显乡村特色，以高品质建设的乡村服务点为首选地址，或结合乡村定位，规划建设体现乡村生活、生态融合的公共文化新空间。

三是楼盘小区城市阅读驿站。以拥有 5000 户业主以上的大型成熟小区为首选地址，积极与楼盘开发商、物业管理公司等社会力量密切合作，利用小区的闲置公共配套用房进行高品质打造，并将其嵌入居民日常的生活空间，成为居民家门口的阅读空间、社交空间。

四是嵌入商圈的城市阅读驿站。以咖啡店、茶饮店聚集的人气旺的商圈为首选地址，优先考虑设在一楼临街等人流量较大、方便使用的位置，将阅读与商圈的潮流、时尚、艺术等特点相结合，空间氛围营造上具有视觉愉悦感和浓厚文化内涵。这类驿站通过满足阅读、消费、休闲、社交等复合型需求，打造传递多元文化与年轻生活方式的休闲阅读空间。

五是学校类城市阅读驿站。与全市各类中小学合作，结合"书香校园"建设，选取能同时面向社会公众提供服务的场所，空间设计主要符合未成年人的喜好，打造温馨舒适的公共文化新空间；配置优质文献资源，不仅能满足师生的阅读需求，也能为家长和孩子提供亲子阅读空间。

图 2-63　东莞图书馆横沥分馆 678 艺时代城市阅读驿站

六是创新型城市阅读驿站。鼓励探索形式多样、风格鲜明、多业态共建的公共文化新空间，打造有温度、有互动、接地气的图书馆公共服务新模式，惠及越来越多的市民。

目前，"城市阅读驿站"已覆盖全市 33 个镇街（园区），其中建成 5 个及以上城市阅读驿站的镇街（园区）有 10 个，建成数量最多的茶山镇已拥有 10 个城市阅读驿站。2023 年南城、大朗、横沥等镇街相继加大建设力度，建成南城分馆晓一文化城市阅读驿站、大朗分馆荔香书吧城市阅读驿站、横沥分馆朴香社城市阅读驿站和横沥分馆 678 艺时代城市阅读驿站等，为其他镇街（园区）建设"城市阅读驿站"提供了标杆和示范。

图 2-64　东莞图书馆大朗分馆荔香书吧城市阅读驿站

各具特色的东莞"城市阅读驿站"，形成多种服务模式和形态，为打通公共文化服务"最后一公里"开辟了新模式，注入了新活力，贴近市民生活，助力提升城市文化品质。例如，南城分馆晓一文化城市阅读驿站坐落于东莞植物园内，拥有独特的森林空间，站内设有咖啡厅、美学馆等，建筑设计和空间布局注重艺术氛围，集图书、水吧、轻食、农产品展示于一体，以亲子阅读为核心，兼备文化交流、娱乐休闲等复合功能。凤岗分馆雁田村雁湖公园城市阅读驿站位于雁湖公园内，周围青山绿地环绕，驿站风格独特，富有现代气息，占地面积400平方米，藏书2万余册，配有阅览座位160个。横沥分馆678艺时代城市阅读驿站则位于新四村678艺时代网红打卡街，由横沥分馆与新四村村委会联合共建，占地面积300平方米，藏书6500册，以"阅读体验+学习成长"为建设理念，富有创意和文化气息。

图 2-65　东莞图书馆莞城分馆卡夫卡咖啡馆城市阅读驿站

图 2-66　东莞图书馆万江分馆石美公园城市阅读驿站

　　除了贴近市民生活，东莞"城市阅读驿站"还以其多样化的主题类型和鲜明的主题特色，满足不同市民群体的文化需求，成为市民阅读和文化交流的重要场所。例如，大朗分馆荔香书吧城市阅读驿站作为全市首个"荔枝"主题的公共文化新空间，占地面积 470 平方米，藏书 5300 余册，周围荔枝飘香，古树环抱，为市民在闹市中寻觅"诗和远方"提供了一处绝佳地点。莞城分馆卡夫卡咖啡馆城市阅读驿站以电影为主题，占地面积约 220 平方米，藏书 2800 余册，主题涵盖电影史、影人传记、电影小说和摄影等多个领域，内部设计独具匠心，巧妙融入电影元素，常态化举办专题讲座、作家交流会和摄影沙龙等活动。万江分馆石美公园城市阅读驿站由石美公园附属建筑物改扩建而成，占地面积 240 平方米，藏书 3000 册，定期举行读书会、茶艺文化分享会等公益性文化活动，为群众打造既能满足其阅读需求又能充实其休闲时间的文化空间。

15 东莞市"·莞"公共文化新空间：邂逅家门口的"诗和远方"

公共文化新空间建设，是推动公共文化服务高质量发展的显著标志，也是提升城市形象与城市气质、点亮城市之美的重要抓手。2023年以来，东莞锚定文化强市建设目标，积极创新推进公共文化新空间建设，致力于在商圈、居民住宅区、村（社区）、公园、新建住宅小区等场所，建设一批高品质的公共文化新空间。2023年8月18日，首批以"·莞"命名的公共文化新空间崭新亮相，截至目前，全市共有45家"·莞"公共文化新空间（见表2-1）。这些空间或隐于森林里，以"静谧书香"点缀"绿美东莞"，或藏身于老房子中，在融合新旧时代印记中呈现古香古色之美，或与湖畔毗邻，与荔枝树对话，融合咖啡、轻食、阅览、艺术等多种服务，让休闲、文艺、知识触手可及，成为东莞新的文化地标和潮流文化打卡点，广大市民在家门口就能够享受到更高品质、更加多元、更为新潮的文化服务。其中，"书香南苑·莞"一启用即成为"网红打卡地"，迅速"火出圈"，日均人流量达5000多人次，以至于要在夜间采取限流模式，引起市民热议，被誉为"广东第一家'限流'的书店"。

表2-1　东莞市"·莞"公共文化新空间名称

序号	空间名称
1	书香南苑·莞
2	锐空间·莞

续表

序号	空间名称
3	茂春里·望汐坊·莞
4	九万里艺术空间·莞
5	稻香文化空间·莞
6	苍穹之上·莞
7	华美·山海奇遇·莞
8	云溪·桃花源·莞
9	莲花山下·莞
10	松山湖文化艺术街区·莞
11	松湖雅集·莞
12	万江茶文化馆·莞
13	晓一文化·莞
14	荔香书吧·莞
15	朴香社·莞
16	鹤洞书院·莞
17	兰香书院·莞
18	心研茶·莞
19	一氹书院·莞
20	乐水书屋·莞
21	滩美湖书吧·莞
22	松湖创阅·莞
23	棠美术馆·莞
24	同律书院·莞
25	乐在其中艺术空间·莞
26	静圆·莞
27	粤亮文化·莞
28	国香书院·莞
29	百子书院·莞

续表

序号	空间名称
30	阅美时光·莞
31	卡夫卡·莞
32	花苑里·莞
33	哈顿9787·莞
34	黄旗益驿·莞
35	茶香书苑·莞
36	雁湖篆香·莞
37	一弄·莞
38	星空书吧·莞
39	香飘四季·莞
40	忠简书院·莞
41	林村书院·莞
42	和美桔洲·莞
43	龙马书苑·莞
44	南湖书苑·莞
45	新塘书苑·莞

15.1 加强顶层设计，破解文化空间建管用难题

一是高位规划部署。在 2023 年 3 月召开的东莞市推进文化强市建设大会中明确提出实施"四馆一剧院一空间"高品质文化供给工程，其中的"一空间"指的是建设一批融合文化服务、潮流休闲消费、轻食餐饮等多业态、复合型、精而美的高品质公共文化新空间，力争到 2026 年全市建成 400 个以上公共文化新空间，形成遍布城乡、高雅精致的公共文化新空间体系。

二是系统制度安排。在全市范围深入开展调研，全面摸清底数，并考察了解先进城市做法，多次邀请北京大学教授、国家文化和旅游公共服务专家委员会首席专家李国新到莞调研指导，研究出台了《东莞市新型公共文化空间建设工作方案》，对全市公共文化新空间建设工作做出制度性整体安排。

三是注重切实管用。在制定公共文化新空间建设工作方案过程中，坚持政府主导、社会参与的原则，推动全市公共文化新空间在优化设施布局、提升内容品质、强化社会参与、推动持续发展 4 个方面重点发力，并对建设目标、建设思路、建设类型、建设任务、管理方式、退出机制、运行机制、申报程序、保障措施等做出清晰的工作指引，着力解决公共文化新空间"谁来建""怎么建""怎么用""怎么管"的难题。

15.2　加强政策支持，打造特色鲜明的空间体系

一是空间建设齐步走。结合东莞资源优势，立足不同的群体需求和空间场景，在现阶段重点推进建设示范性公共文化新空间、城市阅读驿站、共享文化空间 3 种类型的空间，其中示范性公共文化新空间场地面积原则上不小于 1000 平方米，建设投入不少于 300 万元，空间设计着力体现时尚、环保、人文元素，以复合型业态打造"一空间一主题""一空间一特色"的公共文化新空间。

二是政策资金齐发力。鼓励落实公益性捐赠税前扣除、减免场地租金和水电费用、设施冠名等举措，广泛动员社会力量参与。同时，制定公共文化新空间建设补助方案，2023 年及 2024 年共安排近 2000 万元财政资金用于支持和鼓励社会力量参与共建公共文化新空间。通过政策支持和财政资金撬动，全市掀起了公共文化新空间建设热潮，推动公共文化新空间建设逐渐覆盖东莞各大镇街（园区），延伸到市民家门口。

15.3　加强品牌建设，统一命名推出空间标杆样板

致力于打造具有时代特色、岭南风韵、东莞特点的公共文化新空间品牌，务求让市民获得更好的文化体验。

一是优选高品质空间。从全市各类型空间中优选 45 个具有代表性的公共文化新空间，注重各空间在融合文化服务、休闲消费服务等方面展现的特色亮点和发展潜力，更好地满足市民对美好生活的新期待，提升城市形象与城市气质，点亮城市之美。

二是统一命名授牌。为展现东莞公共文化新空间地理标识、文化标识，统一以"·莞"对优选的 45 个具有代表性的公共文化新空间进行命名授牌，加大宣传推广力度，打造全市公共文化新空间标杆样板，形成东莞文化强市建设的又一崭新文化品牌。同时，依托 45 个"·莞"公共文化新空间，组建成立"·莞"空间联盟，通过吸引优质社会力量加入，加强资源整合，推动全市公共文化设施和空间互联互通、共建共享，实现优势互补和协同效应，为广大市民提供更加多元、更高质量的公共文化服务。

三是推动"空间+"系列活动。以公共文化新空间为依托，大力推进"空间+阅读""空间+文旅""空间+潮流"，精心开展富有特色的文化活动，比如清溪镇"云溪·桃花源·莞"策划推出"国潮宋风生活节"，接待群众 8000 多人次；望牛墩镇"茂春里·望汐坊·莞"策划举办"首届乡野生活节"，接待群众 1000 多人次。活动吸引广大市民和游客前往，品味书香时光、畅享文化生活，在家门口邂逅"诗和远方"。

"·莞"公共文化新空间是多功能的文化场所，旨在满足人民群众多样化、多层次、多方面的文化需求，包括阅读、展览、艺术表演、文化交流、休闲娱乐等，为市民提供了一站式的文化体验和服务。例如，

大朗镇"九万里艺术空间·莞"设有图书阅览室、艺术大讲堂、蛋糕西点培训室、网球培训馆、综合展厅、数字文化馆、直播间等服务空间，以开放的态度和独到的艺术视野，汇聚国际顶尖的潮流艺术资源。南城市民花园内的"书香南苑·莞"提供图书借阅、图书销售、艺术展览、公益讲座、轻食餐饮等多元服务。

图 2-67 "九万里艺术空间·莞"标识及内景

图 2-68 "书香南苑·莞"内景

此外，"·莞"公共文化新空间在设计和功能上均着力打造鲜明特色，依托现有场馆设施和建筑等，提供各具特色的文化体验和服务，提升公共文化服务的质量和水平。例如，横沥镇"稻香文化空间·莞"依托稻香饮食文化中心打造而成，是集餐饮、旅游、文化和人才培训于一体的文化休闲高端体验场所，内设城市阅读驿站、饮食文化博物馆、多功能展览厅、文体电影院和厨艺学院等多个功能服务区域，占地面积近4500平方米。茶山镇"华美·山海奇遇·莞"占地面积超过10000平方米，致力于打造粤港澳大湾区乃至国内知名工业旅游打卡点，空间设计风格融入传统文化元素，设有"山海经"主题超级烘焙店、非遗研学区、烘焙室、国潮沙龙区、文创展示区、城市阅读驿站、茶点体验空间、小剧场培训厅等，集传统美食文化体验、工业旅游、非遗研学、购物和休闲于一体。位于万江街道新村社区的"锐空间·莞"由20世纪90年代新村工业区的印刷厂厂房改造而成，是具有鲜明后工业时代特色的新型工作、生活创意空间，入选"2022年广东省最美新型公共文化空间案例"。

图 2-69 "稻香文化空间·莞"的博物馆及茶艺室

图 2-70 "华美·山海奇遇·莞"内景

图 2-71 "锐空间·莞"内景

未来，东莞市将持续加大公共文化新空间建设力度，发挥好"·莞"空间联盟的作用，强化资源整合联动，探索空间阵地共享、品牌共创、人才共育的发展模式，推动空间可持续发展，不断提高东莞市公共文化新空间的知名度和美誉度，让公共文化新空间在提升东莞城市品质中发挥更大的作用。

16 中山市"香山书房"：高位推动，打造城乡一体公共文化新空间

为持续推进示范区创新发展，推动中山市公共文化服务设施提质升级，拓展市民享受公共文化服务的场景，满足新时代市民群众更高品质的公共文化需求，中山市相继推出"中山书房""共享阅读空间""图书馆之友""香山书房"等公共文化新空间品牌。2017 年，中山市推出"中山书房"项目，打造以现代玻璃建筑体为馆舍，采用自助化设备和 RFID 技术，提供办证、借书、还书、续借等自助化服务的无人值守街区自助图书馆。2019 年，中山市推出"共享阅读空间"品牌，与社会力量合作，在中山市辖区范围内依法设立的学校、旅游景区等场所内部，建设提供免费阅读资源和结合自身业务开展增值服务的多业态融合空间。2020 年，中山市启动"图书馆之友"项目，将图书转借给企事业单位及学习型组织，使其在原有服务上增加借阅服务，扩大图书馆的服务范围，实现公共图书馆服务网点、"图书馆之友"、读者等不同主体之间图书接力互借。

2022 年，中山市在广东省文化和旅游厅的指导和支持下，以"深入推进全民阅读，建设书香中山"为目标，启动了"香山书房"建设项目，通过新建和改建的方式，打造全新的公共文化新空间品牌，进一步织密和完善公共文化服务设施网络，同时对现有公共文化新空间进行优化升级。中山市高度重视"香山书房"建设工作，将"完善一批文旅设施"列入 2022 年中山市十件民生实事，打造 100 个"香山书房"，拓展市民享受公共文化服务的场景。

截至 2024 年 3 月，中山市共建设 7 家"中山书房"，28 家"共享阅读空间"，67 家"图书馆之友"和 106 家"香山书房"，构建起共享型、纵横结构的图书馆总分馆服务体系，该体系纵向以政府建设管理的市、镇、村三级图书馆为主，横向以社会力量参与共建的"中山书房""共享阅读空间"等公共文化新空间为主，实行统一的业务管理，使用统一的服务平台，采用统一的服务规范与标识，实现资源和服务的互通共享。

图 2-72　格子空间香山书房

16.1　高位强力推进，撬动社会参与

中山市坚持高位谋划，高标准推动"香山书房"建设。成立工作领导小组，由市政府分管副市长任组长，市政府分管副秘书长、市文化广电旅游局局长任副组长，涉及建设工作的市级相关部门和各镇街为成员单位；完善制度保障，出台《中山市"香山书房"建设和管理导则》《中山市"香山书房"建设工作方案》《中山市公共文化服务绩效评价办法》《中山市公共资源有偿使用管理办法》《中山市"香山书房"建设标准（试行）》《中山市基层公共文化设施建设标准（2021 年版）》等政策文件，明确工作任务、管理评价及建设标准；加强组织实施，成

立"香山书房"工作专班，强化过程监管与部门联动，高质量高标准推进"香山书房"建设项目。

"香山书房"建设项目按照"政府主导、社会参与、彰显特色、智慧管理、互联互通、共建共享"的思路强化统筹协调，广泛动员社会力量参与建设。同时，注重创新运作方式，减轻"香山书房"建成后的运营和管理成本

图 2-73 紫马岭公园香山书房

压力。中山市提出公共文化资源有偿使用机制，中山市人民政府办公室印发《中山市公共资源有偿使用管理办法》，中山市文化广电旅游局制定《紫马岭公园"香山书房"公共资源有偿使用实施办法》，促进"香山书房"公共资源的有效利用，激发基层公共文化服务机构建设活力，推动"香山书房"可持续性发展。建成的 106 家"香山书房"中，由社会主体出资建设的占三成，如西区街道时代美宸香山书房、沙溪镇优优儿童金融智慧营香山书房、东区星求索书苑香山书房等。通过引入社会力量，不仅在一定程度上降低了财政投入压力，也充分整合了社会力量的资源优势，提升了"香山书房"的建设品质，还调动和激活了社会力量参与文化建设的积极性和文化自觉，形成了政府主导、共建共享的良好格局。

此外，通过引入社会力量共建，"香山书房"探索服务型文化治理新模式。"香山书房"支持合作伙伴藏书的编目和书目数据共享，借此让社会藏书和公共图书馆藏书一起流动起来，实现了图书馆资源的共享与流通，极大地丰富了图书资源供给。此外，小榄镇推出"i分享"活动，让城乡居民结合自身爱好与特长分享相关领域的知识、经验，并推荐该领域阅读书目，使城乡居民成为公共文化服务"供给者"。

16.2 优化选址布局，城乡一体化建设

"香山书房"的选址布点秉持兼顾出行便利性和布局均衡性原则，与常住人口、服务半径相挂钩，按照服务半径 15 千米或服务人口 5000 人的要求布点。一是精心挑选人流密集、环境优美的选址开展"香山书房"建设，提升群众阅读体验；二是对符合条件的原有基层阅读阵地进行全面优化升级，提质增效；三是深入住宅小区、产（工）业园区、学校等区域建设一批"香山书房"，延伸阅读服务场景，形成多层次、立体式的阅读服务网络。

图 2-74　东区星求索书苑香山书房

中山市将"香山书房"全部纳入中山市公共图书馆总分馆服务体系统一管理，实现全市公共图书馆图书资源互联互通、通借通还，构建全域服务体系。明确中山纪念图书馆为"香山书房"的管理主体，各镇街或受委托社会机构负责日常管理运营服务。中山纪念图书馆统筹开展图书配送、图书资源定期轮换，确保"香山书房"图书质量及内容安全。

通过场地联用、品牌联办、培训联做、平台共建等方式，整合城乡优质阅读推广活动资源，打造系列公共文化服务品牌活动，并在"香山书房"联动开展，例如，针对城乡青少年儿童群体，举办"绿色暑假·缤纷文化"暑期系列活动。

16.3　挖掘在地要素，打造空间品牌

中山市精心设计并统一"香山书房"招牌标识，提高"香山书房"的辨识度，打造城乡公共文化新空间的全新形象。"香山书房"深入挖掘本土历史文化内涵，做到主题突出、特色鲜明，从中山市人文历史、地域文化、自然资源、特色产业中提取设计灵感，以"中山文化中的空间地标""人文美学生活场景"为品牌定位，设计了具有主题特色的场馆空间，如沙涌学校（旧址）香山书房（华侨文化主题）、里溪村香山

图 2-75　桥头稻田香山书房

书房（红色文化主题）、安堂社区香山书房（岭南民居主题）、大环村吕文成香山书房（广东音乐主题）等一批展示和弘扬香山文化的主题书房，使"香山书房"成为展示香山历史文化的重要窗口。

同时，中山市为打造"香山书房"品牌形象，提高其辨识度，采取矩阵营销模式提高其知名度与影响力。"香山书房"采取"营销破圈"的品牌宣传推广模式，通过线上、线下整合政府、图书馆、合作伙伴、公共新闻媒体、用户口碑等多方媒介资源和宣传内容，形成宣传的规模效应。顺应融媒体发展趋势，利用好"三微一端"，即微博、微信与微视频和新闻客户端，在全面铺开宣传的同时，打造核心传播平台，如"文旅中山"微信公众号、"书香中山"微信公众号，集中精准宣传。通过制作宣传片、音视频直播、微视频等方式，不断突破受众圈层，吸引民众特别是年轻人的关注，让品牌形象深入人心。

16.4　融合多元业态，拓展服务场景

"香山书房"注重拓展服务功能，融合多元业态，除具备藏书、阅书、借书、还书等阅读服务功能外，具备条件的"香山书房"还设置了融合艺术展览、文化沙龙、小型演出等服务功能的区域，营造更开放包

图 2-76　沙涌学校（旧址）香山书房

容的公共阅读空间，满足不同群体的文化需求，如紫马岭公园香山书房。"香山书房"还注重利用科技手段，实行智慧管理，提高服务精准度，丰富公众文化体验。"香山书房"搭建了"三中心"智慧管理系统，引入大数据分析技术分析各书房的服务和借阅情况，为读者精准配置图书资源。同时，配备智能化设备，实现从出入门禁到图书自助查阅、借还等全程自助服务。通过创新"文化+科技+智能"的阅读管理模式，中山市将"香山书房"建设成沉浸式阅读空间、智慧化管理空间、数字化学习空间、差异化服务空间。

图2-77　香山小学香山书房

此外，"香山书房"不断探索拓展服务场景，一是以人民为中心，优化公共阅读空间的环境和功能，营造融入人民群众日常生活的高品质文化空间，在城乡各个角落打造有温度、有深度的文化交流平台，如建在住宅小区的西区街道时代美宸香山书房、神湾镇远洋繁花里香山书房等，让更多群众走进书房、体验阅读；二是通过在景区、公园、精品示范村等建设"香山书房"，打造主客共享的公共文化服务空间，如格子空间香山书房、三角公园香山书房、板芙里溪村香山书房等，使"香山书房"成为文旅打卡标杆和文化宣传新名片；三是开启公共图书馆与学校图书馆资源共建共享新尝试，在中小学校园内建设"香山书房"，优化校园阅读环境，实现了中山市图书馆总分馆体系与学校图书馆互联互通，打破校园阅读资源"孤岛"现象。中山纪念中学、烟洲中学、香山小学、安堂小学等14所中小学的"香山书房"，让中小学生在校园内就能享受便捷的图书借阅服务和优质的阅读环境，让书香弥漫校园，深受校园师生喜爱，亦获得学生家长一致好评。

17 江门市蓬江区"陈垣书屋"自助图书馆：合作共建，嵌入社区提升服务效能

江门市蓬江区图书馆（陈垣图书馆）于 2015 年 7 月开馆，起步晚，底子薄，难以有效满足蓬江区 80 万常住人口的阅读需求。为迅速提升区图书馆的服务能力，蓬江区自 2017 年开始探索自助图书馆建设。"陈垣书屋"以在蓬江区棠下镇出生的史学家、教育家陈垣命名，依托其好学乐教精神引领蓬江区阅读风气，以场馆式自助图书馆形式分布于社区周边。"陈垣书屋"场地面积要求达到 100—300 平方米，藏书 5000 册以上，订购有报刊，配有阅览座椅、自助借还书机、歌德电子书借阅机、"爱心读者"捐书箱、爱心雨伞、存包箱、饮水机等设施设备，实现图书通借通还，满足读者的借书、阅读的需求。

蓬江区把"陈垣书屋"自助图书馆建设列为民生实事项目，先后出台了《蓬江区打造 24 小时自助图书馆示范点建设方案》《蓬江区文化和旅游发展"十三五""十四五"规划》和《蓬江区创建第三批广东省公共文化服务体系示范区工作规划和工作方案的通知》等文件，保障"陈垣书屋"的建设和长久发展。经过多年的运行，蓬江区已建成 15 个"陈垣书屋"，其中 8 个 24 小时全天候自助开放。2019 年，通过网络投票和专家评选，"陈垣书屋"24 小时自助图书馆被江门市网信办评为江门十大"网红打卡地"。截至 2023 年底，15 间"陈垣书屋"自助图书馆进馆读者数已经突破了 280 万人次，办理读者证约 5.3 万个，借书30.5 万多册，在自助图书馆服务的志愿者达 2.6 万人次，服务时长超过6 万小时，显示了良好的服务效能。

17.1　**因地制宜开拓阵地，合作共建书房**

为满足读者阅读需求，提升图书馆的服务能力，蓬江区图书馆联合蓬江区政府发起 24 小时自助图书馆建设项目。在策划之初，蓬江区图书馆充分调研了当地公共图书馆服务网络及群众意愿，发现现有图书馆受时间和空间限制，借阅图书不方便，绝大多数受访民众均赞同设立手续简单、方便随时借阅的新型图书馆。2017 年，蓬江区启动 24 小时自助图书馆"陈垣书屋"的建设项目。

在推进项目过程中，蓬江区初步形成了政府、镇街、图书馆、群众共建的模式。蓬江区政府主导，做好建设的规划，与镇街共同出资；镇街出场地、图书及负责建成后"陈垣书屋"的日常管理；蓬江区图书馆负责统筹建设，承担图书管理系统和图书分类编目工作，在资助部分图书的同时，在制度、管理、运行等方面统一标准，进行技术指导和运行监督；群众参与自助图书馆的建设和管理，在建设前期，充分征求群众意见建议，发动群众捐赠图书，丰富图书馆藏书量，让群众通过志愿服务的形式参与自助图书馆的管理工作。"陈垣书屋"自助图书馆建设改变了传统图书馆建设的单一模式，分摊了图书馆建设的人力、物力成本，使大量布局"陈垣书屋"自助图书馆成为可能，达到政府、镇街、图书馆及群众共赢的目标。此外，"陈垣书屋"还尝试与学校合作。2018 年 4 月，由白沙街道负责建设，江门市实验中学提供场地，蓬江区图书馆统筹并提供技术支持，白沙街、实验中学、图书馆共同管理的陈垣书屋幸福馆开馆，是蓬江区探索公共图书馆与校园共建共享阅读新模式的尝试。

作为蓬江区图书馆服务体系的重要组成部分，"陈垣书屋"实现了与五邑联合图书馆成员馆图书通借通还，便利群众借阅图书。此外，蓬

江区图书馆将部分"陈垣书屋"自助图书馆打造为分馆和服务点，如把陈垣书屋杜阮镇文化中心馆、万达商圈党群服务中心馆建设成图书馆分馆，将 7 个"陈垣书屋"自助图书馆建成服务点，推进了图书馆总分馆制的建设，从时间和空间上拓展了图书

图 2-78 "陈垣书屋"内景

馆的服务，让"陈垣书屋"成为图书馆总分馆阵列的主力军，为"书香蓬江"的建设发挥重要作用。截至 2023 年底，蓬江区"陈垣书屋"自助图书馆的建设、管理模式已在江门市得到推广，其他市/区建成开放自助图书馆 48 间。

17.2　在地保障有效，服务多元效能提升

为保障"陈垣书屋"有效运行，蓬江区图书馆根据现实情况开展书屋建设与管理工作。首先，为了便利群众，"陈垣书屋"自助图书馆覆盖了 6 个镇街，多数在社区、工业园区、学校、商圈等人员密集场所周边选点建设，群众可就近利用自助图书馆。其次，"陈垣书屋"在选点上，选取人流密集、人口居住集中、靠近公安局或保安亭的地方，并对其进行 24 小时全方位监控；利用就近的保安力量进行巡查，同时购买图书馆公共安全保险，保障读者的生命及财产安全，营造安全和谐的借阅环境。再次，为保障馆藏的定期更新，提高"陈垣书屋"的利用率，蓬江区图书馆统筹"陈垣书屋"的购书经费，确保每年每一间书屋的图书都得到更新，同时发动社会力量捐赠图书。最后，蓬江区图书馆通过对图书管理系统数据的统计及定期巡查，监控"陈垣书屋"的运行情

况，及时解决自助图书馆出现的问题。

在选点、馆藏、管理等方面确保书屋有效开放的基础上，"陈垣书屋"免费向公众开放，利用现有资源实现共享。第一，"陈垣书屋"的所有资源均可免费使用，读者只需刷身份证或借书证就可以进入"陈垣书屋"免费使用自助图书馆的资源，包括借还图书、获取数字资源、参与阅读活动等。第二，为实现图书共享，蓬江区在每个"陈垣书屋"自助图书馆设立爱心捐书箱，倡议全社会捐赠图书，此举得到群众的热烈响应，开馆以来已经收到捐书共计 3 万多册，很好地补充了"陈垣书屋"自助图书馆的藏书。第三，"陈垣书屋"注重与市内资源合作共享，15 个馆均加入了五邑联合图书馆，与江门市公共图书馆实现图书通还通借。第四，图书馆制定了图书轮换制度，每个季度在 15 个"陈垣书屋"自助图书馆之间轮换 500 册图书，使图书流动起来，达到共享的目的。

图 2-79　"陈垣书屋"爱心捐书箱

此外，"陈垣书屋"还积极开展各类阅读推广活动，引导读者阅读，成为可供学习、娱乐，传播文明与爱心的文化阵地。其中"蓬图·悦心"百场免费公益培训班通过故事分享会以及绘画、手工、书法、安全知识等培训丰富读者的文化生活，例如，"你救救我 我救救你"急救知识讲座、情绪万花筒讲座、国画培训班等深受读者的欢迎；"蓬图·夏日悦读季"亲子共读活动走进陈垣书屋霞村馆，引导乡村孩子开展亲子阅读；"永远跟党走，书香伴小康"阅读推广活动在陈垣书屋杜阮镇文化中心馆举行，吸引100多名市民读者聆听革命烈士龚昌荣的英勇事迹。丰富多彩的阅读活动营造了浓厚的书屋阅读氛围，同时"陈垣书屋"通过海报、广告牌、电子显示屏、广播及比赛作品展览等形式进行社会主义核心价值观、青少年公益广告、普法等宣传，成为社科普及的重要窗口和阵地。

17.3　培养专业服务队伍，鼓励读者志愿参与

蓬江区图书馆发挥技术、专业优势，统一管理模式，对镇街图书管理人员进行培训、指导及监督，由各镇街开展该区域"陈垣书屋"的管理工作。在蓬江区图书馆的统筹下，各镇街相关人员通过到馆学习或理论教授等方式，学习图书馆服务专业知识，强化自身服务能力，做好"陈垣书屋"的日常工作。同时，蓬江区图书馆对各镇街书屋的日常管理工作实时监督，及时整改各馆存在的问题，以实现统一有效开放。

在各镇街负责书屋管理的前提下，蓬江区"陈垣书屋"充分发挥志愿者的作用，以志愿服务方式补充书屋的管理队伍，形成市民自管、自用的良好机制。在第一个"陈垣书屋"自助图书馆开馆之前，蓬江区图书馆就组建了蓬江区图书馆

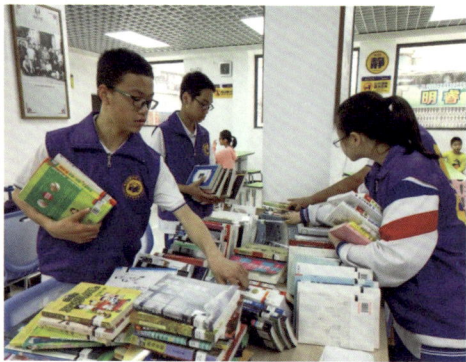

图2-80　"陈垣书屋"志愿者服务场景

志愿者服务队，当前志愿者服务队由 400 名来自各行各业的志愿者组成，成为"陈垣书屋"日常管理运营的有力保障。为实现服务的专业化，蓬江区图书馆对志愿者进行了图书馆业务知识培训、读者问题解答培训和"陈垣书屋"自助图书馆的利用培训。通过培训，蓬江区图书馆已形成一支具有图书馆专业知识，对图书馆业务熟悉，能熟练服务读者的志愿者服务队。志愿者服务队成立后组织了多场志愿服务，既有大型的志愿服务，如"陈垣书屋"自助图书馆发动 40 名志愿者参加上架图书及粘贴 RFID 标签服务，50 名志愿者参加 7 个"陈垣书屋"自助图书馆开馆仪式的服务等。志愿者每天都在"陈垣书屋"开展志愿服务，如上架图书、整理书架、帮助读者、协助开展阅读推广活动，并及时向工作人员反映"陈垣书屋"自助图书馆出现的问题，维护"陈垣书屋"的阅读秩序，成了"陈垣书屋"自助图书馆日常开放的有生力量。2018 年，24 小时自助图书馆志愿服务被授予"蓬江区优秀志愿服务项目奖"。

18 阳江市阳东区"耕读书屋"：耕读传家，自助服务便利市民

为解决阳江市阳东区公共图书馆资源分布不均、服务效能欠佳、专业人员不足等问题，2020 年，阳东区启动"区—镇—村"三级自助式"耕读书屋"建设项目，利用数字化和自动化设备延长服务时间，简化读者借还书手续，提高阅读舒适度与便利度，拓宽服务内容与范围。"耕读书屋"取名自"耕读传家久，诗书继世长"，旨在为市民提供公益、便利的阅读服务，以"基础好的地区优先建、有基础的地区争取建、空白的地区补充建"为建设原则，在全区各镇各村有序部署开展"耕读书屋"建设工作。

截至 2024 年 3 月，阳东区已建成 12 间自助式"耕读书屋"，涵盖商住综合体、旅游景区、酒店、综合性文化服务中心等场所，有效拓展了公共文化服务阵地。目前，阳东区公共文化新空间建设数量和服务水平均位居全市前列，这意味着阳东区图书馆的业务管理正朝着自动化、科学化迈进，逐步实现由传统图书馆向现代化数字图书馆转型。

18.1 撬动社会积极参与，三方力量合作共建

按照"统筹发展、提高效能、促进均等"的公共文化服务体系建设原则，阳江市阳东区文化广电旅游体育局以打造公益性智慧图书馆品牌"耕读书屋"为抓手，在全区范围内推进自助化书屋建设，拓展公共文化服务体系。"耕读书屋"的建设坚持政府主导，社会参与的原则，推

动多方合作共建。

在前期建设阶段，由阳东区政府与区图书馆负责面向全社会招募合作伙伴，镇文化站与区图书馆负责对申请参与合建的社会力量进行现场勘察，并拟定建设方案报主管部门审核，审核通过以后，由区图书馆与参与合建的社会力量签订合作协议，并开展书屋建设。

在空间设计方面，12间"耕读书屋"在标识设计、室内布局、氛围内涵上，都是由设计师、群众、政府等多方共同商议、出谋划策、共同打造的，充分吸纳了集体智慧。例如，坐落于景色优美的燕山湖畔旁的凤凰酒店耕读书屋，设计以山水为基调，空间整体简洁明亮，又因其服务对象多为酒店游客，图书资源配置多为旅游类及与当地风情相关的书籍，以加深游客对景点的认识，丰富游客体验；东城镇报平村耕读书屋位于小学附近，考虑到该书屋的服务对象多为小学生，书屋设计从未成年人的喜好和需求出发，凸显童真浪漫；星港汇商住综合体耕读书屋，服务群体多为青年人，书屋设计则更关注青年人的阅读需求，注重新颖和时尚。

图 2-81　星港汇商住综合体耕读书屋

在运营管理方面，阳东区图书馆负责制定书屋的日常管理、图书配送、活动开展等细则，并指派专业人员为社会力量共建方开展图书分类、图书借还等工作培训；社会力量共建方负责书屋的日常管理与保洁等工作。阳东区"耕读书屋"采取"建成一个，成熟一个"的基本方式，坚持试点先行，示范带动，不断吸收总结书屋建设发展经验。这有利于不断发展新的"耕读书屋"，拓展公共文化服务体系，有序拓展阅读网络，提高公共文化服务覆盖率。

18.2 选址人群密集区域，推进城乡协同发展

"群众在哪里，'耕读书屋'就建在哪里"，是阳东区"耕读书屋"在建设管理中摸索出的经验。为了提升"耕读书屋"服务效能，阳东区将"耕读书屋"开进了文化创意街、红树林湿地公园、村级综合性文化服务中心等场所，让群众无论身处乡间田野还是繁华城区，阅读服务都触手可及。"耕读书屋"选址多在人群密集的居民小区、旅游景区、医院、交通枢纽等公共场所，为更多的市民读者提供均等、便利、公益的阅读服务。

图 2-82 东城镇报平村耕读书屋阅览区

2020 年 9 月，阳东区首家"耕读书屋"开馆，位于阳东区体育馆、图书馆、文化馆以及学校的"三馆一校"中心交界处，占地面积约 180 平方米，藏书 10000 册，截至 2024 年，服务人次达 20 万。同时，阳东区积极推进乡村振兴，建设镇村地区的"耕读书屋"。东城镇报平村耕读书屋一改此前面积小、文化活动少、陈设简单的面貌，以简洁大方的外表和多元的文化活动吸引着周边村民，大大提升了书屋使用效率。

18.3   优化拓展空间服务，丰富读者阅读体验

在服务提供上，"耕读书屋"注重提高服务便利性，丰富读者阅读体验。一方面，"耕读书屋"不断推进数字化、智能化建设。阳东区图书馆一楼自助馆耕读书屋提供通借通还、数据查询、网上图书浏览等服务，实现 24 小时免费借阅，免押金、免办卡，方便、快捷。同时，该书屋还配备了电子书阅览屏，公众既可在现场阅读，也可用手机下载数字图书，把喜爱的图书"带回家"。此外，"耕读书屋"支持实时查看自助终端借阅情况，方便图书馆分析运行数据，了解读者的阅读习惯，并根据借阅情况定期对书籍进行补充更新。

图 2-83   "耕读书屋"猜灯谜活动

另一方面，"耕读书屋"开展高质量、多主题、多层次的阅读推广活动，包含但不限于各类亲子读书活动、阅读分享会、专题讲座等。2020年以来，阳东区图书馆依托全区"耕读书屋"，开展阅读推广活动40多次，受益人次35万，有效满足了阳东区人民群众的精神文化需求。

此外，"耕读书屋"积极融合旅游资源，将"耕读书屋"建设与全区红色资源、生态资源等旅游资源相融合，统筹发展，打造了松鼠王国耕读书屋、恩阳台独立大队活动旧址耕读书屋、红树林国家湿地公园耕读书屋等文旅融合空间。将优质文化资源融入旅游景点，为其注入了文化底蕴，也为周边居民和往来的游客朋友们打造了一个具有浓郁书香气息的文旅场所新地标。

图 2-84 凤凰社区耕读书屋全民阅读活动

19 茂名市"好心书吧"：唯用一好心，建设文明书香城市

秉持"文化兴市"理念，茂名市委、市政府于 2019 年启动 24 小时智慧图书馆"好心书吧"建设项目。"好心书吧"得名于以茂名市著名历史人物"巾帼英雄第一人"冼夫人"唯用一好心"为精神内涵的"好心茂名"城市品牌，旨在助力文明书香城市建设。"好心书吧"由茂名市文化广电旅游体育局牵头，各区、各县级市文化广电旅游体育局参与，采用嵌入的建设方式，建设在全市旅游景区、公园、驿站、社区、大型商圈和旅游交通集散地等公共场所，旨在为市民搭建全民阅读平台。

2019 年 12 月底，茂名市首家"好心书吧"在 1959 南越文化创意街揭牌，正式对外开放，总面积近 200 平方米，纸质藏书 5000 余册①，配置自助借还机、智能数据显示屏、实时监控等设备，实现与市图书馆数据资源对接，有效提升服务效益。2021 年，茂名市将建设"好心书吧"纳入年度十件民生实事项目之一，并制定《2021 年茂名市"好心书吧"建设指引》，从建设范围、建设方式、馆藏书目、人员培训、绩效评估

---

① 茂名市图书馆. 茂名首家智慧图书馆揭牌 | "好心书屋"打造好心之城全民阅读新平台［EB/OL］.［2024－08－20］. https://mp. weixin. qq. com/s/d－Uioi－WrmpHUU2V6IoSWUg.

等方面规范"好心书吧"的建设。① 截至 2023 年 6 月，全市共建成"好心书吧"34 家，每间书吧均配置纸质图书 2000 册以上、电子图书 2000 种、电子期刊 1000 种、茂名市政务信息 2000 条、党建知识 1000 条；纸质图书每月流动更换比例达 10%，电子图书及信息资源每月定期更新；全市"好心书吧"均接入茂名市图书馆公共数字图书馆联盟，实现资源共建共享。

图 2-85　嵌入不同场所的"好心书吧"

---

① 广东省文化和旅游厅. 茂名："好心书吧"建设"六步曲"打造群众共同富裕路上的"文化粮仓"[EB/OL]. [2024-08-19]. https://whly.gd.gov.cn/news_ newdsxw/content/post_ 3732502.html.

19.1　多方合作共建共享，丰富书吧服务业态

"好心书吧"坚持"政府主导，社会参与"的建设原则，配合全市基础设施建设规划，嵌入全市各区、各县级市的旅游景区，以及好心绿道、基层社区、大型商圈和旅游交通集散地等公共场所，利用现有场地打造高品质阅读空间，并因地制宜在原有服务业态上增加阅读服务，以满足市民的多样化需求。

同时，"好心书吧"积极探索"图书馆+"的业态融合发展模式，与各类社会力量合作，建设多功能融合空间，提高书吧的发展潜力与活力，例如，与高铁站合作，将书吧建在茂名高铁站候车厅内，打造出对外展示"好心茂名"城市形象和文化气息的首要空间；与度假区合作，将书吧建在风景优美的省级旅游度假区南海博贺滨海旅游度假区内，打造为文旅融合的综合性信息服务空间，为度假游客提供旅游信息与阅读服务；与商圈合作，将书吧建在茂名市的繁华商圈东汇城内，探索文、旅、商三融合空间；与新时代文明实践站合作，将书吧建在新湖公园新时代文明实践站内，探索在"好心绿道"上建设社区公共文化服务的综合体。

此外，茂名市建立了志愿服务队，组织市民以及大专院校在校学生对"好心书吧"进行日常运营管理，每季度开展一次"最优服务志愿者"评选，来提高市民参与公共文化事业的积极性。"好心书吧"志愿服务队让群众参与书吧的运营维护，更真切地感受"好心茂名"的城市文化氛围，同时进一步提升"好心书吧"的服务质量。

19.2 树立品牌延伸触角，赋能乡村文化振兴

"好心书吧"以"好心精神"为内涵，是"好心茂名"建设的重要载体。为了提升"好心书吧"的品牌辨识度和知名度，书吧以"融"和"特"为抓手，打造茂名市阅读空间品牌。

"融"主要体现在统一标识系统设计上。茂名市面向全社会公开招募"好心书吧"统一视觉识别系统，最终确定将"书"这一汉字元素融入"好心茂名"的标识设计中，既体现茂名市地域特征，又融入阅读这一基本元素，有助于提升群众对书吧的认知度及好感度，推动市域范围内"好心书吧"品牌的树立和建设。

"特"则主要体现在书吧的空间设计以"一吧一策一特色"为建设理念，充分展示本地的地方特色及用户需求。例如，茂南区红旗路好心书吧突出体现岭南俚乡文化，注重宣传冼夫人的"好心精神"；高州市杏花村好心书吧建在"精彩100里"乡村振兴示范带上，成为文化赋能乡村振兴的重要支点；电白区沙琅镇琅西村好心书吧着重关注本地琅江文化，并开设客家主题阅读专柜；博贺镇横山村好心书吧横山书院采用新中式仿古建筑风格的设计，占地面积约300平方米，惠及周边村民1万多人；信宜市钱排镇双合村好心书吧以高标准打造乡村振兴示范性公共文化新空间，通过图书馆与旅游景点的结合，擦亮"中国李乡"的产业品牌和旅游品牌。扎根本土文化、深度融入乡村公共文化建设和群众文化生活的"好心书吧"，成为村民的"文化粮仓"和乡村振兴的"加油站"。①

---

① 茂名发布. 乡村好心书吧：村民的"文化粮仓" 乡村振兴的"加油站" [EB/OL]. [2024-08-19]. https://m.thepaper.cn/baijiahao_ 25069618.

19.3　打造文旅服务阵地，优化空间服务效能

在阵地营造方面，"好心书吧"与广东省文化和旅游厅"粤书吧"项目实现双品牌共同运营，打造文化和旅游宣传阵地。茂名市充分利用两个项目的资金、资源开展服务，提高书吧的服务效益，茂名市图书馆好心精神"粤书吧"系列建设项目获评 2021 年度广东省"粤书吧"建设最佳实践案例。"好心书吧"和"粤书吧"作为茂名旅游宣传的窗口和阵地，提供"茂名景点导游词""茂名十大精品线路"等旅游宣传资源，供市民和游客阅览，助力旅游城市建设。同时，书吧还注重对管理人员开展旅游讲解技能培训，让每一位书吧的管理员和志愿者都成为茂名市"好心文化"的讲解员和宣传员，向游客推广茂名文化和茂名旅游资源。

图 2-86　河东街道好心书吧

在服务提供方面，"好心书吧"精心进行资源配置与活动开展，不断提升书吧服务效能。"好心书吧"在图书资源配置上，一是遴选茂名本土作家作品，让公众借助作家的视角发现茂名、理解茂名；二是注重配置红色文化、好心文化和非遗文化等主题的特色书籍，并开设"党史学习角"，设立"好心书籍专柜"，加深市民对"好心精神"的理解，

提高公众学习党史的积极性。在电子资源配置上，"好心书吧"配置了一定的电子资源、茂名政务信息、党建信息等，并接入公共数字图书馆联盟，市民可通过电子阅读器或手机下载电子资源，提高市民借阅便利性。在服务活动开展方面，"好心书吧"注重与社会力量合作开展阅读活动，茂名市建立了好心服务社群，挖掘组织旅游达人、行业专家、非遗传承人、艺术大咖等不同领域人士在书吧内开展沙龙及讲座活动，营造浓厚的书香气息，打造市民的精神家园。

⑳ 肇庆市"砚都书房"阅读推广服务体系："1+N"网络，促进服务均衡供给

2020 年，肇庆市图书馆围绕肇庆市委、市政府提出的"实施新的文化发展战略，打造文化名市"的目标，联合社会力量共建"砚都书房"阅读推广服务体系，以"1+N"的模式，在全市范围内铺设以"砚都书房"为中心的阅读推广服务网络，延伸公共文化服务触角，将借阅服务送到群众身边，实现公共文化均衡供给，真正打通全民阅读的"最后一公里"。

"1+N"模式，即 1 个"砚都书房"、多个"党建书吧"/"粤书吧"/"砚童书吧"的模式，在全市景区、社区、学校、企事业单位、村镇等地建设书房（吧），打造肇庆市特色城市文化阅读品牌"砚都书房"阅读推广服务体系。"砚都书房"取名丁肇庆的特产"端砚"，秉持"一书房一特色"，在统一标识的基础上，因地制宜，打造不同主题风格的本土化书房，给读者带来多元化、个性化服务。2020 年 12 月 23 日，第一家砚都书房——肇庆市人才驿站砚都书房坐落于肇庆市鼎湖山风景区，阅读空间与景区充分融合，探索文旅融合的新模式。① 截至 2023 年底，肇庆市建成以"砚都书房"为核心的特色城市文化阅读空间 64 家。

---

① 肇庆市图书馆. 新·融·和——肇庆打造城市阅读空间新品牌"砚都书房"［EB/OL］.［2024-08-19］. http://www.zqlib.cn/information/7486.

20.1　政府主导联动全市，携手社会力量合作共建

肇庆市文化广电旅游体育局出台《肇庆市"砚都书房"服务体系建设方案》，肇庆市图书馆作为体系建设的主导力量，通过定规范、立标准、行试点等方式，把控"砚都书房"阅读推广服务体系的整体方向，对各类型阅读空间的建设、管理提出建设要求。此外，"砚都书房"阅读推广服务体系内所有书

图2-87　"砚都书房"阅读推广服务体系系列标识

房（吧）标识，除"粤书吧"外，均由肇庆市图书馆自主设计。以"党建书吧"标识为例，设计以荷花（肇庆市花）、党徽（代表党建）、图书（代表阅读）作为标识的主要元素，"党建书吧"四个字选用毛泽东字体，简洁、大方、美观，全市"党建书吧"均统一使用该标识。

肇庆市图书馆坚持"政府主导、社会力量参与"的公共文化建设原则，以"图书馆+"理念，通过协调有关单位（场所）合作共建，或面向社会发布招募公告，有需求的单位自愿申报，从中优选场所设施条件良好、积极性高的单位作为建设单位，双方签署合作协议，由图书馆提供图书资源及配套统一的标识、装饰，并负责图书统一编目及人员培训，合作单位负责书房的场地建设、运营维护、书籍管理、人员管理等日常工作。肇庆市图书馆积极探索社会力量参与公共文化新空间的多元路径，在全市范围内联动推广，基本形成了覆盖城乡的全民阅读推广服

务体系，使基层公共文化设施建设更加完善，工作体制机制更加健全。

图 2-88　"砚都书房"外观及内部空间

　　肇庆市图书馆积极寻求突破现有公共图书馆服务网络的新思维与新
路径，紧紧围绕推动全民阅读开展工作，将公共图书馆总分馆制建设与
公共文化新空间建设有机融合。作为国家历史文化名城，依托当地文化
和旅游资源，肇庆市图书馆布局全市阅读空间服务体系建设，以特产
"端砚"为由，起名"砚都书房"，为每家书房（吧）配置专题图书
1000册以上，建设以"砚都书房"为中心的各类公共文化新空间，凸
显当地文化底蕴，实现"诗和远方"有效结合，为肇庆的旅游景点添上
一片亮丽的文化风景。

20.2　全市区县铺开网络，市馆统领集中管理

第一家砚都书房坐落于肇庆市鼎湖山风景区，为景区游客提供休闲阅读空间，起到良好的示范建设作用。以第一家砚都书房为起点，在肇庆市文化广电旅游体育局的统筹下，全市8个县（市、区）参照肇庆市图书馆书房（吧）建设经验，纷纷开展公共文化新空间建设或改造。截至2023年底，全市共建成"砚都书房"29家，所有"砚都书房"被纳入市图书馆总分馆制总体规划，以智能化、规范化打造网络健全、结构合理、发展均衡、运行有效、惠及全民的公共图书馆服务体系，以期形成辐射市区的公共文化阅读圈。

为保障书房规范服务，实现一体化管理，肇庆市图书馆对各书房提出"六个统一"的建设方针，即统一建设标准、统一服务规范、统一服务标识、统一资源供应、统一管理平台、统一考核标准，促进该体系高效率运作。肇庆市图书馆依托肇庆区域图书馆管理系统、读者行为大数据分析系统，统筹协调各空间的运营管理，保障日常开放运作。

20.3　打造主题特色书房，分类分众推广阅读

各书房（吧）结合自身特色建设，坚持多元化发展策略，实施高质量精准服务配送策略，满足读者的多样化、个性化需求。

肇庆市秉持分类分众阅读推广理念，针对不同受众建设不同类型书房（吧），力求"一房（吧）一特色"。例如，在党建工作卓有成效、学习氛围浓厚的机关和事业单位、党群服务中心等场所打造党建主题阅读空间"党建书吧"成"党群书吧"，已建成11家，其中一家党群书吧建在九三学社肇庆市鼎湖区支社委员会内，率先尝试在民主党派内部建

设"党政书房"；在旅游景区、酒店、民宿和旅游交通集散地等旅游经营单位建设文旅融合阅读空间"粤书吧"，已在中游国际房车露营基地、星湖揽月宋文化民宿等地建设"粤书吧"13家；在学校、培训机构、儿童游乐场等地打造未成年人阅读空间"砚童书吧"，已在肇庆市龙禧小学、盛景豪庭幼儿园等单位建成"砚童书吧"11家；在全市阅读需求旺盛的人才驿站、公益机构等地建设"砚都书房"，已在智联科创梦工场、公益服务促进中心等地建成"砚都书房"29家。

图 2-89　扶来房车营地砚都书房外观及内景

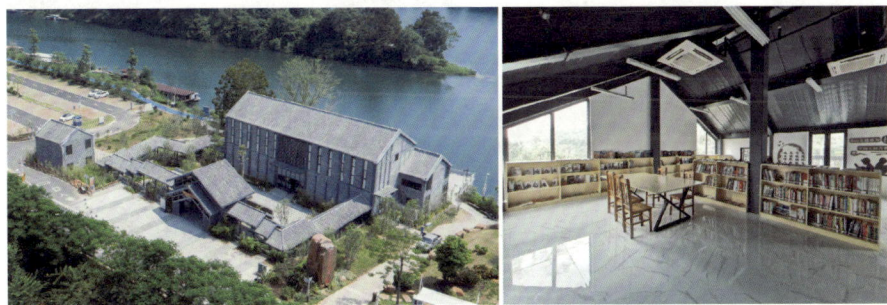

图 2-90　封开县两广源流博物馆砚都书房全景及内景

　　除建设不同主题的书房（吧）外，"砚都书房"阅读推广服务体系注重阅读活动的多元化发展，结合不同主题为各群体量身打造合适的阅读活动。例如，针对青少年群体，肇庆市图书馆结合"扫黄打非""绿书签行动",为每间"砚童书吧"营造不同特色的"护苗"宣传氛围,开展主题活动,引导青少年学法、明理,增强青少年的法治意识、维权意识,营造绿色阅读氛围;针对社区居民,肇庆市图书馆将党建工作与业务工作深度融合,以"党建+阅读"的模式打造"党建书吧",推进党的基层组织建设和党史学习教育常态化开展。

"砚都书房"阅读推广服务体系项目实施以来,肇庆市图书馆向基层下沉图书6万多册,年均服务读者超20万人次。该体系增强了合作单位的文化内涵,提升了文化品位,激发了文化活力,也拓宽了公共文化服务网络,进一步推进公共文化服务均等化建设,有利于提升公共图书馆的服务效能。

图 2-91　"砚都书房"阅读推广活动

21 清远市一默书房：多方合作共建，助力国学文化传播传承

2017年9月，一默书房在风景优美的清远市清城区江心岛落成，面向全社会免费开放，为读者提供图书阅读及朗诵会、读书会等公益服务。一默书房由清城区委宣传部联合企业以"文化共建"的模式开办，致力于打造清远市城市公共书房。2018年，一默书房成为清远市图书馆分馆，配备图书杂志2000余册，并通过自助借还机开通自助借书服务，读者凭身份证可在一默书房及市图书馆两地通借通还。

2019年，一默书房与中山大学哲学系建立了合作关系，设立中山大学优秀传统文化普及教育研究中心，"中山大学禅宗与中国文化研究院研修基地"与"岛上书院"也在清远江心岛挂牌成立，成体系地开展国学公益课。学者领读的方式为一默书房带来了极高的关注度，也由此逐渐形成一默书房的特色公共文化服务模式。2021年，江心岛"岛上书院"成为广东首家岭南书院。① 一默书房通过构建"书院+书房+书屋"建设体系，创新"政府+社会资源+公众参与"运营模式，有效链接高等院校、科研院所、政府机构、社会团体等优质资源，给予了江心岛源源不断的活力，助力国学文化的传播和传承。②

---

① 中国文明网. 广东清远：推进岭南书院建设 活化优秀传统文化［EB/OL］.［2024-08-19］. http://www. wenming. cn/wmsjzx/20230802/d851f13910584c65ba a3706bf 6ad6d0e/c. html.

② 南方网. 清远江心岛书院：一座岛，如何温润一座城［EB/OL］.［2024-08-19］. https://news. southcn. com/node_ 5e7906bf0c/cb5280f9e5. shtml.

21.1　多方共建文化高地，荒岛升级文化绿岛

　　一默书房吸引了出版社、学校及读者参与书房共建，推动江心岛从一座荒岛转变为充满书香的文化绿岛。在成为清远市图书馆分馆之后，一默书房面向全国募捐图书，广西师范大学出版社、广东省出版集团等出版机构向一默书房捐赠了上千册图书；中山大学、广东省社会科学院及清远市史志办公室等单位以及多位读者向一默书房捐赠了珍藏的古籍、名家丛书等大批优质人文读本；一些读者还通过认捐"一格"书柜的方式助力杂志墙建设，为书房添砖加瓦。此外，一默书房创新推出"轮值掌柜"计划，让读者以志愿者的身份参与书房的日常运营管理，维持书房秩序，激发公众"主人翁"意识，为拥有书房梦的人提供做书房"掌柜"的体验服务。

图 2-92　一默书房的"轮值掌柜"带孩子们画画

　　2021 年，广东省政府工作报告提出建设 10 个岭南书院，首个岭南书院落户江心岛，确立了"党委领导，政府负责、社会协同、公众参

与"的可持续运营机制，在党委、政府的领导下，"一默书房"创新"政府+社会资源+公众参与"运营模式，为读者提供优质的公共文化服务。① 在多方合力共建下，一默书房不断提升文化服务效能，其所在的江心岛也逐渐从原来的荒岛转变为书香四溢的文化绿岛。

21.2　吸引专家团队加盟，打造文化体验场域

一默书房积极邀请名家学者到书房领读，打造名家领读读书会品牌"默·读"，让名家大师带领读者一起阅读优秀作品，激发读者阅读兴趣，提高读者阅读素养。2018年，中山大学政治与公共事务管理学院郭巍青教授受邀在一默书房领读《瓦尔登湖》，首个"大咖领读会"为书房带来了人流量。此后，一默书房逐渐形成了固定的学者领读的公共文化服务模式。② 随着清远市第四届书香节的启动，清远市图书馆与一默书房启动"悦读岛"计划，学者领读会命名为"默·读"。"默·读"是清远市图书馆与一默书房共同创办的线下读书会品牌，由首席领读者郭巍青带头，有14位学者、作家、诗人组成的"默·读"导师团参与，每月举办一次。其中，中山大学政治与公共事务管理学院谭安奎教授、中山大学哲学系陈立胜教授等学者领读了《福利国家之后》《零边际成本社会》《娱乐至死》《今日简史》《变形记》《王阳明》等著作，吸引了众多读者参与。2019年3月，高端传统文化国学公益班正式开班，中

① 中国文明网. 广东清远：推进岭南书院建设 活化优秀传统文化［EB/OL］.［2024-08-19］. http://www. wenming. cn/wmsjzx/20230802/d851f13910584c65baa3706 bf6ad6d0e/c. html.

② 广东文明网. 清远江心岛书院：老人打卡孩童逐梦 一座岛温润一座城［EB/OL］.［2024-08-19］. http://gd. wenming. cn/rwgd/202311/t20231114_ 66982 56. html.

山大学哲学系冯达文教授带领中山大学哲学系众教授开启"用优秀的传统文化涵养清远人的美好生活"之旅。

图 2-93 "默·读"学者领读会现场

同时，一默书房积极引导读者参与"悦读"活动，提高读者文化体验。例如，获国际古筝大赛少年专业组金奖第一名的梁晶晶展现古筝妙韵及其传统文化内涵；岭南古琴传承人谢东笑与武当玄武派第十七代弟子希武，在一默书房即兴"合奏"，诠释各自对琴和剑的理解。不仅如此，传统茶艺、书法、绘画等艺术，也都能在一默书房得到分享与展示。此外，一默书房还推出了"江心岛上的对话""音悦岛文艺沙龙"等服务品牌，为读者提供丰富的文化活动，满足群众对美好生活的期待。通过线上线下联动，丰富文化活动，鼓励读者积极参与，一默书房形成了常态化、立体化的文化体验"场域"，为读者带来更丰富的文化活动体验，使读者的创意和才艺在书房内得到了创造性转化、创新性发展。

21.3　深入传统文化研究，活化优秀传统文化

　　一默书房注重对中华传统文化的研读与传承，与名校共建传统文化研究基地。2019 年，一默书房和清城区委、区政府共建"岛上书院"，以传承弘扬中华优秀传统文化为宗旨，与中山大学哲学系建立合作关系，设立中山大学优秀传统文化普及教育研究中心，成体系地开展国学公益课①，来自中山大学、广东省社会科学院、深圳大学等学校和机构的国学专家组成义务教师队伍，分享免费精品国学课程。国学公益班的研学内容涵盖《周易》《论语》《诗经》等众多国学经典，通过专家的讲授，为读者提供高质量传统文化研读活动，将优秀传统文化融入群众的日常阅读生活中，推动优秀传统文化的创造性转化和创新性传承。

　　此外，一默书房注重抓住时机，拓展业务服务，活化优秀传统文化。在广东省委宣传部支持下，《中华善本百部经典再造》丛书落户江心岛，以此为契机，一默书房着手建设"中华善本馆"，并配合开展经典研读和周边研学活动，"让古籍里的文字活起来"，让阅读和优秀文化浸润人心，涵养美好生活。② 同时，一默书房注重从群众中收集古籍，丰富书房的传统文化资源，已收集到的古籍包括六册一套的雍正年间木刻线装古籍《四书合讲》、四册一套光绪年间刻本《诗经》等。

---

① 新华社客户端. 江心上的"悦读岛"［EB/OL］. ［2024-08-21］. https://baijia-hao. baidu. com/s?id = 1696547167502502354&wfr = spider&for = pc.

② 中国文明网. 广东清远：推进岭南书院建设 活化优秀传统文化［EB/OL］. ［2024-08-19］. http://www. wenming. cn/wmsjzx/20230802/d851f13910584c65baa3706bf 6ad6d0e/c. html.

图 2-94　一默书房读者活动现场

22 潮州市"潮书屋"：阅读+文旅，潮味打卡彰显特色

2020 年，为践行文化惠民利民理念，进一步提升城区公共文化服务能力，发挥图书馆文化阵地作用，潮州市推出城市文旅品牌"潮书屋"，以"阅读+文旅"模式打造新型便民书屋，为市民提供崭新的智慧人文空间。"潮书屋"集自助化设备和 RFID 技术于一体，通过集物联网、云计算技术、互联网通信技术、远程监控技术于一体的自助服务平台，打造 24 小时自助开放的场馆型城市书屋。"潮书屋"建成后，被纳入潮州市图书馆总分馆体系，由潮州市图书馆主导管理运作，统一建设标准与服务规范，与体系内图书馆实现通借通还、资源共享与信息交互，为市民和游客提供知识共享、信息交流、互动阅读的人文空间。

潮州市共建成"潮书屋"2 家，分别是潮州市人民广场潮书屋和潮州古城区李厝祠潮书屋。两家书屋均免费对外开放，设有智能门禁系统、智能视频监控及全自助借还系统，读者可享受自助办证、查阅图书、借还图书、免费上网等服务。此外，书屋还打造了旅游休憩空间和特色创意阅读空间，为市民读者和游客带来智慧便捷的文化体验。

22.1　空间设计因地制宜，技术赋能智慧服务

"潮书屋"无论是在选址还是在空间设计上，都充分考虑当地的文化特色和居民需求，做到"一屋一特色"，因地制宜开展规划。项目启动初期，潮州市图书馆与设计团队结合当地旅游业的发展，选定了 2 个

场馆建设书屋。首家潮书屋位于人民广场，比邻文化长廊、潮州市博物馆、潮州市政府等市政建筑，交通方便，人流密集且流动性高，面积约130平方米，藏书约8000册，阅览座位78个；第二家"潮书屋"位于潮州古城李厝祠，游客多，占地面积45平方米，藏书约3000册，配备相关电子资源，主题包含潮州历史文化、景区风光、民俗风情、特色美食等。在选定场馆开展建设时，建设团队充分考虑有限空间的利用问题，例如，李厝祠"潮书屋"保留旁边的古树，营造"树在书屋中"的独特场景，并采用松木地板、玻璃建筑体等设计，增强书屋的美观性，吸引更多的游客和市民前往。

图 2-95 潮州市人民广场潮书屋

"潮书屋"不仅潮在文化，潮在外形，更潮在技术，书屋是集物联网、云计算技术、互联网通信技术、远程监控技术于一体的自助服务智慧书屋，读者可通过书屋实现与全市图书馆体系通借通还、资源共享及信息交互。其中，"潮书屋"嵌入潮州市图书馆"刷脸"借书的技术，市民和游客不仅可以通过身份证等证件自助借还图书，还可在录入人脸信息后，通过人脸识别，实现刷脸"秒"借阅。为掌握书屋的运营情况，市图书馆还通过大数据分析平台及时掌握书屋借阅数据，根据相关数据有效流转和配送图书，防止资源浪费。另外，为保障阅读环境的舒适，书屋内的通风系统和灯光系统均实现自动调节功能，书屋无死角视频监控系统也帮助监控中心实时掌握书屋情况，预防和处理突发事件。

22.2　以旅载文以文促旅，文旅互融推广潮味

当前，潮州市已成为广东省重要旅游目的地、粤东核心旅游城市，"潮书屋"以"阅读+文旅"的理念展开建设，深入助推文旅融合。以第二家潮书屋为例，该书屋选址李厝祠，祠堂始建于清代，20世纪20年代曾为黄埔军校潮州分校校址，建筑石柱林立、飞檐翘角，尽显潮式古建筑的古朴韵味，成为潮州市新晋的旅游打卡点，在这极具潮州气息的场馆建设"潮书屋"，不仅有利于推广阅读，也有利于让市民和游客深入古建筑"阅读"潮州。此外，每家"潮书屋"均配备了"潮"味十足的潮州特色图书资源以及文化资源阅读屏，展示内容包括潮州历史文化、人文风情等主题，让游客和市民以更加直接、便捷的途径深入了解潮州的古朴韵味。

潮州市图书馆计划继续在潮州旅游古城区建设"潮书屋"，借助"潮书屋"的平台辐射效应，结合"创文""非遗""红色文化"等特色资源，策划并开展具有特色性、创新性、互动性的文化沙龙和文创产品开发等活动，让读者参与到文化交流中，享受阅读的乐趣，将阅读融入市民生活。

22.3 书屋滋养人文情怀，市民志愿参与服务

"潮书屋"的建设，为市民和游客带来智慧便捷的阅读服务，丰富市民的文化体验，有效扩大了潮州市公共图书馆服务的覆盖面，满足群众对"诗和远方"的美好期待。

在书屋滋养群众的同时，市民积极反哺书屋，志愿参与书屋的运营维护和开放管理。以潮州市图书馆阅读推广志愿者服务队为基础，为扩大"潮书屋"的效用，志愿者服务队将市图书馆的"智慧+阅读分享""悦读越美"等馆内优秀服务品牌活动延伸至"潮书屋"，给市民和游客带来更加具有潮州特色的文化阅读体验。此外，市图书馆还与社会志愿团队及新媒体团队合作，以书屋为平台，由文化志愿者承担阅读指导和宣传推广等工作，形成常态化机制，将书屋打造成一个宣传文明和推广爱心的阅读服务点。

22.4 推动新"潮"阅读，打造品质吸引读者

潮州市图书馆基于文旅融合发展目标，正视自身的文化资源优势，根据当地旅游产业发展的要求，以资源整合的形式，结合地方特色开展形式多样的活动，加快潮州市文旅融合发展目标的实现。截至2023年底，"潮书屋"共接待读者约7万人次，流通书籍4000多册次。此外，还开展了以"走进潮书屋·阅读更精彩"为主题的系列阅读分享活动，通过邀请名家名师在人民广场、中山路李厝祠等"潮书屋"场馆开展活动，活动每月举办一期，每期不同主题，以潮州市图书馆的馆藏图书为基础，侧重于地方文化、中国传统文化、红色精神的推广和传播。

阅读分享活动的开展，吸引了一批有文化、热爱公益事业、热爱阅

读推广事业的优秀讲师、教授、社会团体代表等加入"潮书屋"阅读推广人队伍，以"新阅读·智慧+"的形式努力打造群众身边的人文智慧公共空间。2023年以来，共举办以"走进潮书屋·阅读更精彩"为主题的系列线下活动18期，参加活动人次近1000，为广大读者提供了良好的交流学习平台；现场互动精彩，拓展活动丰富，受到小朋友和家长的欢迎。

图2-96　人民广场潮书屋的潮州木雕交流活动、潮州手拉壶交流活动现场

图2-97　李厝祠潮书屋的潮州方言交流活动、潮州红色主题交流活动现场

23 云浮市"城市书吧"：涵养社区，打造城市文化空间

2017 年，云浮市政府工作报告提出"要在市区建设一批书吧提升城市文化品位"的目标，并将书吧建设列为政府工作要点。为推动学习型、书香型社会建设，树立城市形象，提升城市品位，推动全民阅读的深入开展，2017 年 6 月，云浮市政府办公室印发《云浮市扶持鼓励书吧建设的实施方案》，提出在主城区通过新建、整合资源或合作共建等多种方式，建设不同类型的"城市书吧"示范点，示范点建设取得初步成效后，再根据城区发展、布局的需求，结合运营情况等因素，逐步合理增设书吧，同时提出云浮市城区"一城一书吧、一街道一书吧、一社区一书吧、一小区一书吧、一公园一书吧"的"五个一"目标。

根据《云浮市扶持鼓励书吧建设的实施方案》，"城市书吧"率先在城区的公园、交通枢纽、学校、医院、企业、咖啡厅、社区中心等人流量较大的公共场所选址建设。按照政府引导、社会参与、共建共享共用、创新与传统结合的思路，2017 年，云浮市建成了第一批 9 个"城市书吧"。① 截至 2024 年 3 月，云浮市共建设"城市书吧"18 个，进一步完善了云浮市公共文化设施网络。

---

① 云浮市人民政府. 云浮市建设城市书吧，推动全民阅读提升城市品位 [EB/OL]. [2024 - 08 - 19]. https://www. yunfu. gov. cn/wgltj/tpxw/content/post＿152593. html.

图 2-98　云浮市人才书吧

23.1　政府统筹保障建设，民生实事有序推进

为保障"城市书吧"建设有序推进，《云浮市扶持鼓励书吧建设的实施方案》中规定了"城市书吧"建设资金来源，明确指出，云浮"城市书吧"建设项目所需资金以"政府引导、社会投入"的方式筹措解决。其中，在政府主导的前提下，扶持鼓励社会力量自建"城市书吧"示范点，实行"以奖代补"，市财政对每个达标的"城市书吧"给予一次性补助，用于图书购置和设施配置。为保障"城市书吧"的可持续发展，2017年起，云浮市财政每年为"城市书吧"示范点提供专项经费，用于图书购置、图书编目、上架、配送、定期轮换和图书更新。

23.2　市级标杆示范先行，深入社区建设试点

云浮"城市书吧"有两种建设方式。

一是建设市级"城市书吧"示范点。市级"城市书吧"示范点建设坚持统一建设标准、统一标识的原则，综合考虑人口密集度、交通便利性、服务半径、环境相对安静度、消防安全、阅读需求、群众意见等

因素，在市区、城区街道、社区、公园、学校、医院休闲区域、企事业单位、大型商场、西餐厅、咖啡馆、茶艺馆、车站等有条件的场所统筹规划建设。"城市书吧"多联合社会力量共建，有意愿合作的社会力量提出建设申请，云浮市文化广电旅游体育局对其进行实地调研考察，考核通过的确定为"城市书吧"示范点候选点。社会力量根据建设要求提供建设用地、电源和网络，图书馆方则给予图书、设施、设备、专业培训等支持。通过"以点带面，示范引领"，推动云浮"城市书吧"建设。

图 2-99　云浮市人民医院城市书吧

二是在市中心城区建设一批社区"城市书吧"示范点。由云城区政府负责在城区选址，按市级示范点的建设标准配置相关设施，建设社区"城市书吧"示范点，云城区政府确定书吧的建设数量，并落实书吧日常管理工作。

23.3　融入多元业态服务，塑造城市文化符号

按照"属地管理、行业指导、场所业主（或合作人、志愿者）管理"的原则，"城市书吧"由所属社区及社会力量管理运营，被纳入图书馆延伸服务点，并由云浮市图书馆负责管理运营并提供专业业务指导。"城市书吧"定位为集阅读、休闲、娱乐、交流、图书销售等多功能于一体，融合多种新业态的现代生态城市公共文化新空间，全市的"城市书吧"使用统一的标识，致力于塑造云浮市城市文化符号。

作为云浮市图书馆服务网络延伸点，"城市书吧"在提供图书馆基本公共服务的同时，开展多层次、多样化服务，引入"文化+"、图书销售等新业态，采用公益服务与有偿服务相结合的管理运营方式，为读者提供免费、优质、便捷、均等、多样化的公共文化服务。主要做法如下：一是依托"城市书吧"这一平台，开展"好书大家谈"、"经典阅读"、读书会、读书节等阅读活动，在丰富群众文化生活的同时，以文化涵养社区，营造书香社区；二是充分利用书吧的优势吸引来自四面八方的阅读爱好者，使其成为文化沙龙、读书会活动的参与者；三是鼓励"精""专""特""新"书吧建设，形成各具特色的书吧。

云浮东站城市书吧设在云浮东站候车大厅内。作为全省首个高铁站公益书吧，云浮东站城市书吧精心挑选配置1000多册图书，布局风格休闲舒适，方便旅客在候车时间休闲阅读；同时配置电子书借阅机，旅客只需在电子书借阅机屏幕上选择心仪图书，扫描图书封面二维码，便可将该书下载至手机，免费体验高清电子阅读。该书吧的设立，有助于提升云浮市整体形象。漫猫咖啡城市书吧建筑面积为450平方米，位于市中心，利用咖啡厅的场地设施，由业主出资配置近4000册书刊。该书吧的小型书架错落有致，便于读者取阅，阅读环境舒适优雅，适合举

办阅读分享、文化沙龙等活动，是集咖啡甜点消费、图书阅读、举办活动等功能于一体的文化空间，成为市民学习、休闲、阅读的新去处。

图 2-100　云浮东站城市书吧及云浮汽车客运站城市书吧

附录一

2022年广东省最美新型公共文化空间案例

1 广东省立中山图书馆柏园粤书吧

柏园坐落于历史文化底蕴丰厚的广州越秀东山，是"中央研究院"历史语言研究所旧址，该研究所作为中国第一个以考古学、历史学、语言学研究为主的机构，是中国近代最重要的学术高地之一，也见证了广州近现代城市建设和发展的历史变迁。2022 年 10 月，在广东省文化和旅游厅的指导下，广东省立中山图书馆和广东省文物考古研究院合作建

图 3-1 柏园粤书吧内景

设了柏园粤书吧。柏园粤书吧由广东省立中山图书馆提供读者服务，与广东省立中山图书馆数据联通，读者权益一致，注册读者证即可自由取阅、借还书籍，同时享受广东省立中山图书馆数字资源服务。柏园粤书吧定位于历史文献特色主题书吧，建筑面积约 150 平方米，设置了休闲阅读区、展览区、活动区，共配置图书近 4000 册，设有捐赠图书专架，配备史语所相关人物的著作、文物考古类主题文献，以及"中国好书"、经典图书、少儿读物等图书，书架和软座等家具均按照民国风格整体定制，与柏园的历史形象相契合。柏园粤书吧融合了图书阅读、艺术展览、文化沙龙等多元文化业态，延续柏园作为历史建筑的文化传承功能，为读者带来丰富、多元的文化体验。

②广州市天河区天河湿地文化角（粤文坊）

　　天河湿地文化角位于广州市天河智慧城思成路，建筑面积约2500平方米，是汇集美术馆、图书馆、咖啡馆、茶艺室等馆所于一体，秉持"创新、环保、多元"的理念，利用园区闲置土地资源建设的公共文化新空间。改造前该区域建筑垃圾、淤泥、黄土堆积如山，积水污浊，杂草丛生，一片脏乱荒芜。天河科技园管委会和合作共建企业发挥专业优势，共建共治共享，将废弃楼房和荒地改造为崭新的公共文化新空间。改造后的天河湿地文化角环境悠闲舒适，有绿荫小径、湖畔长廊、艺术设施、休憩椅凳，设有展览区、阅读区、观景区、品饮区等开放空间。天河湿地文化角免费向公众开放，提供"一站式"的文化服务，公众在

图3-2　天河湿地文化角（粤文坊）入口

这里不仅能获得展览、阅读、学术沙龙等多项服务，还可以享受到自然风景、生活美学体验和健康茶饮等，深受社会各界的认可。天河湿地文化角带动了天河湿地公园成为火热的"打卡点"，并被"央视新闻""广州发布""天河发布""尚天河""喜号"等众多媒体采访报道，荣获 2021 年"花城市民文化空间"称号。

图 3-3　天河湿地文化角（粤文坊）美术馆一楼展厅

图 3-4　天河湿地文化角（粤文坊）图书馆室内场景

③ 广州市海珠区图书馆侨建分馆（御溪书斋）

广州市海珠区图书馆侨建分馆亦称御溪书斋，位于海珠区侨建 HICITY 文创商业中心三楼，建筑面积近 700 平方米，藏书 2.5 万余册，是由海珠区文化广电旅游体育局、海珠区图书馆与南洲侨建 HICITY 文创商业中心合作打造的国潮风新式图书馆，融合图书阅读、文创展售、艺术展览等多元服务。

御溪书斋以国潮为主题，空间设计、馆藏资源、文创产品、展览、文化沙龙等均围绕中国传统文化开展。其中，空间设计以"做中国年轻人的藏书阁"为理念，以现代艺术设计融合中国风，御溪而建，有溪不见水，见山不是山，见山又是山，竹简铺展系书架，阅读长桌及屏风取自"云山珠水"的灵感，泼墨山水映眼帘，屋顶灯光形成"繁星落银河"之景，将现代艺术与中国山水完美融合，向读者展现出一幅生动的国风山水场景。御溪书斋不仅提供图书借阅服务，还联动国潮街区的功能馆，定期举办各类书画展、汉字科普展、中国积木展、阅读推广活动等，通过具有文化特色的空间载体，形成文化集聚力，也成为读者品读体验当地文化、国潮文化的重要公共文化空间。御溪书斋开业以来，众多年轻人到访，周末日均来访量超 800 人次，月均来访量达 9000 余人次。

图 3-5　御溪书斋入口

图 3-6　御溪书斋会客大厅

图 3-7　御溪书斋书架

④ 深圳市罗湖区悠·图书馆（东晓街道/IBC珠宝图书馆）

悠·图书馆（东晓街道）位于深圳罗湖区 IBC 环球商务中心 A 座，是一家以珠宝为主题的图书馆，故又名"IBC 珠宝图书馆"。该馆于 2021 年 12 月 18 日面向公众免费开放，占地面积 300 平方米，藏书 10000 册，不仅汇集了全球专业珠宝设计、平面设计、商业空间设计的图书期刊，而且藏有涵盖文学、人物传记、旅游、少儿科普、少儿绘本等主题的社区民众喜爱的畅销书籍。馆舍环境温馨舒适，内部空间简约大

图 3-8 罗湖区悠·图书馆
（东晓街道）入口

气，内设阅览区、多媒体阅览区和自助设备服务区，配备了相应的休闲座椅，让读者可以悠享公共文化的便利。同时，馆内配备了多台可以实现高速上网和访问图书馆数据库的电脑，以及趣味少儿数字绘本机，供各年龄段居民自由体验。作为罗湖区图书馆的直属分馆，悠·图书馆（东晓街道）在建设与服务上秉承开放、平等、自由、免费的服务理念，由总馆进行文献资源、技术资源、人力资源的统筹管理与共享，并加入

"图书馆之城"统一技术平台,实现一证借遍全城。为最大限度惠民、利民,悠·图书馆(东晓街道)24 小时开放,让广大读者享受到全天候、随借随还的服务,日均人流量超 300 人次,开放至今已服务居民超 4 万人次。

图 3-9 罗湖区悠·图书馆(东晓街道)阅览区

⑤ 深圳市盐田区图书馆海书房灯塔图书馆

　　灯塔图书馆临海而建，以建成"市民家门口的书房"为初衷，选址遵循普遍均等、分布合理、就近服务的原则，将观书览景、文旅融合的思路贯穿于建设全过程，综合考虑人口密度、交通状况、环境配置等因素布点，区位靠近深圳地铁 8 号线海山站，将周边盐田港、保税区、梧桐山、壹海城商业区及居民生活区纳入功能辐射区，集科技、创意、文化、颜值于一身。作为"总馆—街道分馆/智慧书房—社区服务点/流动站"三级公共文化服务体系的重要组成部分，灯塔图书馆从行政归属、资金保障、资源配送等方面严格实行"三统筹"和"六统一"管理机制，确保自上而下垂直一体的服务品质。灯塔图书馆采用 5G 与数字通信、智能感知等技术，将全馆的数字化系统与建筑美学设计相结合，应

图 3-10　盐田区图书馆海书房灯塔图书馆外景

用人脸识别、自助测温、智慧感知、自助服务等方式，降低了阅读的门槛。无人值守的智慧管理模式实现了场馆自动开放、环境实时调节、馆内资源自动更新，提升了资源运转管理效率；运用大数据存储与分析平台的功能，汇总各业务系统产生的所有数据建立完整的"大数据"资产库，实现大数据的智能分析、推送、引导、决策。

图 3-11　盐田区图书馆海书房灯塔图书馆内景

6 珠海市斗门区旧街粤书吧（善雅书房·时趣馆）

　　旧街粤书吧（善雅书房·时趣馆）坐落于斗门区斗门镇斗门旧街。斗门旧街于 2013 年被评为"中国历史文化名街"，具有深厚的历史底蕴。旧街粤书吧占地面积 1024 平方米，建筑面积 512 平方米，共两层，骑楼风格，外廊式的建筑结构搭配彩窗雕花，楼道布满时光壁画，还打造了配套的独家后院，设置时花、绿植、景观步道、小型雕塑、石景、休闲桌椅等，为读者提供休闲休憩场所。旧街粤书吧内部布置了怀旧家具、家电，更添复古的时光韵味。一楼开放式咖啡吧台让书房氤氲着咖啡豆的香气，前往二楼户外阳台及三楼天台能饱览斗门乡村田园风光，远眺斗门名胜——金台寺。书房拥有藏书 1.2 万余册，涵盖少儿绘本、文学美食、养生等多方面主题。秉承着一室多功能的运营理念，旧街粤书吧内设乡村复兴少年宫、游客服务中心、悦臻休闲小驿等。合作共建企业积极探索新的运营方向、运营理念，致力于将旧街粤书吧打造成新时代文明实践服务的一线阵地，推进社会主义精神文明建设。以书房为载体，开展新时代文明实践志愿服务活动，以青少年、儿童的需求为着力点，不定期在书房内开展故事阅读、美术创意、戏剧、艺术插花、硬笔书法等公益课程。

图 3-12 斗门区旧街粤书吧
（善雅书房·时趣馆）内景

图 3-13 斗门区旧街粤书吧
（善雅书房·时趣馆）阅读活动

图 3-14 斗门区旧街粤书吧（善雅书房·时趣馆）外景

⑦ 汕头市龙湖区妈屿粤书吧
（妈屿蓝合胜书店）

汕头市龙湖区妈屿粤书吧（妈屿蓝合胜书店）是龙湖区文化广电旅游体育局、区图书馆与运营机构合胜书店着手建设的龙湖区首个粤书吧，是围绕书店搭建的复合型空间，提供民宿、餐饮、咖啡、户外婚礼、读书会活动等多种服务。妈屿粤书吧位于海边，以白色为主色调，采用玻璃屋形式设计建设。其中，8米高的大落地玻璃打造海边全景视野，店内大量木质、石材、植物系的设计，让整个空间显得现代简洁。书吧内近2000册书籍可供免费借阅，书籍由汕头市龙湖区图书馆提供，与汕头全市公共图书馆通借通还。龙湖区图书馆派技术骨干对营业人员开展业务培训，普及图书流通、图书整理、电子资源利用等相关知识，

图3-15 龙湖区妈屿粤书吧（妈屿蓝合胜书店）全景

并不断增加和更新图书资源。2022 年试运营期间，妈屿粤书吧曾举办"山海之约"文化名家作品展览，展出 14 位曾经到过汕头妈屿岛的艺术名家作品集。2022 年 4 月 23 日世界读书日期间，妈屿粤书吧举行了"百馆荐书"活动，并开展了读书分享会。

图 3-16　龙湖区妈屿粤书吧（妈屿蓝合胜书店）内景

图 3-17　龙湖区妈屿粤书吧（妈屿蓝合胜书店）室内音乐会

8 佛山市顺德区渔人码头顺图书房

　　渔人码头顺图书房是顺德图书馆与容桂艺书坊书店共建的一家公共文化新空间。该书房位于顺德区容桂渔人码头内，采用国内流行的"画廊+书店"复合经营模式，也是容桂街道目前最大的复合书店，集图书、文创、绘画、陶艺、餐饮、活动等复合产品和功能于一体，提供阅读写作、休闲参观、艺术体验、活动教育等一站式文艺休闲服务。顺图书房分为两层，约 700 平方米，由世界名画橱窗、图书区、文具区、文创区、画廊区、绘画区、沙龙区、自习室、咖啡区组成。顺图书房外侧墙被设计成一个世界名画科普橱窗展廊，展出近百幅世界名画的临摹作

图 3-18　顺德区渔人码头顺图书房正门

品，让游客一站式认识和了解众多世界名画，已成为一处"网红打卡点"。顺图书房是顺德区图书馆总分馆的成员馆，读者可在顺图书房内免费阅读，也可以通过身份证进行免费办证和借书，在顺德图书馆总分馆体系内进行通借通还。

图 3-19　顺德区渔人码头顺图书房大堂

图 3-20　顺德区渔人码头顺图书房文创产品展示区

9 佛山市南海区读书驿站（西樵·观心小镇站、粤书吧）

西樵·观心小镇读书驿站位于佛山市南海区西樵镇锦湖大道 2 号观心小镇 9 号楼，于 2019 年 10 月 23 日验收并投入运营。该读书驿站由南海区图书馆、西樵镇文化发展中心（南海区图书馆西樵分馆）、参与合作共建的房地产开发企业联合共建、共管，南海区图书馆按照总分馆体系的管理机制，对驿站实行远程智能化管理（包括远程监控、远程对讲、数据收集分析等）和现场专业运营维护（包括每周两次的现场巡检和整理，每月两次的图书更换等）。同时，西樵镇文化发展中心也按职责要求实施属地管理，业主方引入轻食餐饮商家进驻站内运营并协助日常管理。在功能布局上，一楼面积约 220 平方米，设文创展销区、特色图书专区、休闲阅读区，还设有简餐休闲吧，向读者提供饮品、轻食，为读者打造一个休闲的阅读空间；二楼面积约 240 平方米，设公共图书藏书区、少儿图书专区、休闲阅读区等，其空间设计新颖灵活，可根据使用需求临时调整出活动空间，开展相关阅读活动。该读书驿站馆藏纸质图书 25000 册、电子图书 3000 册，读者可通过站内智能设备自助外借与下载，亦可自助进行办证、借阅、查询等，借阅规则参照佛山市"联合图书馆"体系有关规定并于站内张贴。

图 3-21　南海区西樵·观心小镇读书驿站入口

图 3-22　南海区西樵·观心小镇读书驿站内景

10 河源市源城区河源市图书馆保利生态城分馆

保利生态城位于万绿湖景区旁，占地面积约 36 万平方米，自带学校、会所、商业等配套，设计师以世界著名画家梵高的《星月夜》为设计灵感，融入星空元素，打造星空配套大城。河源市图书馆保利生态城分馆位于星空小镇，占地面积约 560 平方米，半球形的草丘上设计了若干圆形采光天窗，结合下沉庭院的自然采光设计，将白天耀眼的阳光变成看书需要的自然光，夜晚抬头就是星辰闪烁，仿佛置身于名画《星月夜》之中。河源市图书馆保利生态城分馆入围 2022 年英国《世界室内新闻》杂志大奖（World Interior News Awards，简称 WIN Awards）。

河源市图书馆保利生态城分馆周一至周日对外开放，每日开放时间为 10：00 至 18：00，安排专人管理，提供登记图书借阅、提醒归还等服务。河源市图书馆保利生态城分馆秉持"美好生活同行者"及为社区业主及居民服务的理念，联合河源市图书馆、河源晚报等单位举办活动，如"河源小记者打卡""共读一小时读书会""品悦读书会""红色经典朗诵比赛"等；同时不定期举办"小业主朗诵大赛"活动，真正做到把全民阅读行动落实到社区、业主，助力河源市文明城市发展。

图 3-23 河源市图书馆保利生态城分馆内景

⑪ 梅州市大埔县禾肚里稻田民宿粤书吧

　　禾肚里稻田民宿位于梅州市大埔县西河镇漳北村，是梅州市第一家品牌民宿。民宿以农耕文化为载体，以稻田、溪流、花草、蜜柚、季节果蔬等为主题特色，设有怀旧餐厅、稻田观景栈道、无边际游泳池、游客服务中心、乡村特产馆及 30 多间别具风情的民宿客房，与村里其他人文景观"串珠成链"，给游客带来乡村美景和民俗文化的沉浸式体验。2021 年 3 月，由大埔县文化广电旅游体育局牵头实施、大埔县图书馆推进建设的禾肚里稻田民宿粤书吧落成于禾肚里稻田民宿游客服务中心内，禾肚里稻田民宿粤书吧建筑面积 30 多平方米，提供约 20 个阅览座位。为体现"一吧一特色"的特点，大埔县图书馆根据禾肚里稻田民宿的功能定位，结合其运营理念，为其配备了错落有致的书架、古朴典雅的屏风和阅览桌椅，让禾肚里稻田民宿粤书吧与游客服务中心融为一体。禾肚里稻田民宿粤书吧精心选配以文学历史为主、多种类型结合的主题文献资源，以及具有大埔地域特色的历史、文化和民俗地方文献共1000 册，所有书籍按公共图书馆规范标准要求进行统一编目，数据纳入大埔县图书馆系统。游客可以免费借阅图书，借阅手续遵循"宜简不宜繁"的原则。

图 3-24　大埔县禾肚里稻田民宿粤书吧内景

图 3-25　大埔县禾肚里稻田民宿粤书吧外景

⑫ 惠州市惠东县一滴水图书馆

一滴水图书馆位于惠东县双月湾西海岸的惠州双月湾泰丽云顶度假酒店，因形似水滴，隐含"滴水之恩当涌泉相报"的寓意而得名。其造型别致，风格独特，是集景观、创意、文化、颜值于一身的文化新地标。图书馆占地面积 3500 平方米，建筑面积 450 平方米，海拔 78 米，离海 180 米。

在一滴水图书馆，可以 270 度观赏海景，视线绝佳，因此也被称为"悬崖上的海边书屋"。借助地形的高差，建筑隐藏在山端，嵌入山体。整个建筑强调简洁的几何形体，圆、方、直线，通体白色更强化了建筑纯净的感觉。建筑主要的使用空间位于屋顶水池的下方，室内是一组具有序列感的，亮与暗、开与闭交叠的戏剧性空间。人进入建筑的过程是一次重新认识自然与自己的旅程，需要沿着室外长走廊下行，从水池下"潜入"，从玄关到位于建筑中部的圆形暗空间，再到位于建筑外圈明亮通透的阅读空间，读者用不同的方式阅读着建筑、场地，同时体悟人生。屋顶水池是这个图书馆与其他同类建筑最为不同的地方，它赋予建筑一种乌托邦式的气质，甚至略显"不食人间烟火"，但也正是这汪碧水给人以安宁的感觉，让人可以暂时忘却日常的喧嚣和烦恼。

图 3-26　惠东县一滴水图书馆内景

13 东莞市万江锐空间

　　锐空间坐落于东莞市万江新村社区，改造自20世纪90年代新村工业区的旧印刷厂房，占地面积约5000平方米。锐空间以实体家具产业为依托，深耕社区和城市文化创意圈，已形成融合创意、设计、艺术的产业经济。锐空间保留部分旧厂房外立面、原始屋顶的历史痕迹，营造具有鲜明后工业时代特色的新型工作和生活创意空间，使原本的工业区最终转型为独一无二的城市人文景象和文化地标。该空间在建筑设计上采用全景推拉门的开启方式，打破室内室外关系界限，满足交流活动、聚会、展示、拍摄等多功能需求，实现人与空间融合共生。通过开展如"艺傢汇——当代艺术家居+汉字绘画创作展"、Vincent唱诗班夏季沙发音乐会等一系列创意文化活动，锐空间致力于成为区域乃至全国具有创

图3-27　万江新村社区锐空间全景

新特色的旧改融合空间，为城市文化创意展示和联动营造良好氛围，书写新时代的文化产业精神。

图 3-28　万江新村社区锐空间内景

图 3-29　万江新村社区锐空间外景

14 东莞市望牛墩镇茂春里·望汐坊

茂春里·望汐坊地处东莞市望牛墩镇旧粮油加工厂。2019年，茂春文旅选取这座富有历史印记的旧建筑，以前瞻性的眼光，对粮油加工厂进行功能规划，打造出一座融合新旧时代印记的建筑。2021年6月，茂春里·望汐坊正式对外开放，该项目包含了春汐茶社、汐社书屋、潮汐艺素、栖汐美舍、爱心广场等多个功能区域，既可满足亲子团体对日常出行玩乐的需求，还为企业提供了聚会、团建的场地，更是年轻群体进行表白、求婚、庆祝的好去处。截至目前，茂春里·望汐坊共举办了100场活动，包括社会公益性活动、沙龙活动、亲子活动、非遗体验课程、美学培训课程等。茂春里·望汐坊还与广东酒店管理职业技术学院合作共建校外教学实践基地，与望牛墩镇实验小学家校社共建亲子基

图3-30 望牛墩镇茂春里·望汐坊外景

地，与望牛墩镇文化服务中心合作举办"乞巧·传承"——七夕民俗摄影展、"潮流火柴盒"专场音乐会活动等，荣获"妇女之家""爱心驿站""新时代文明实践点""2022共享文化空间"等称号。

图3-31 望牛墩镇茂春里·望汐坊的春汐茶社

图3-32 望牛墩镇茂春里·望汐坊的汐社书屋

15 中山市石岐格子空间香山书房

　　格子空间香山书房位于岐江河畔，是中山市第一家开放的精品示范类香山书房，面积857.11平方米，包含阅读区、交流区、展览区等，其中阅读区面积277.22平方米，馆藏图书量约5000册。格子空间香山书房配备智能化图书自助借还设备，提供电子阅览、图书阅览、有声图书馆等服务。格子空间香山书房与全市公共图书馆打通，提供通借通还服务。格子空间香山书房还承载着文化传播、艺术沙龙、自然教育、休闲娱乐、游船码头等综合功能，日常面向市民免费开放。

　　格子空间香山书房室内以中空设计为特色，落地玻璃让书房自然透光，内置6米高的大书墙，阶梯式阅览区伸向河流景观，营造出"低头品味万卷书香，抬头可见碧水蓝天，鹭鸟群飞"的美好意境。二楼多功能阅读区设有新中式简易书桌，浅棕色书架略带返璞归真的美感，窗外便是融合了万国风情的香山（北）外滩，滨水风景引人遐思，读者置身此处，仿佛开启一场超时空之旅。展览区常邀国内知名艺术家结合中山在地文化创作当代艺术展，如《过海·时间｜河流与渡口上的中山》《THE 3》《洄游｜从中山到珠三角水域的记忆考古》等，吸引了众多青年前来参观。室外定期开展的自然课堂、观鸟研学、音乐Live Show、河畔集市、香山一席谈等活动，已成为中山市民心目中的"周末休闲首选"。

　　这座曾经被车水马龙的城市遗忘的废弃厂房，如今回到大众视野之中，目前累计已有超过10万的游客到访参观，近千个政企团体到场考察，过百家官方媒体争相报道。2022年，其成功入选由广东省文化和旅游厅、广东省工业和信息化厅联合评定的"第二批广东省工业旅游精品线路",成为"中山沙溪凉茶与黄圃腊味传统技艺体验之旅"的景点之一,并作为后疫情时代的中国优秀建筑案例收录于《建筑中国》。

图 3-33 石岐格子空间香山书房阅读区

图 3-34 石岐格子空间香山
书房外观

图 3-35 石岐格子空间香山书房
音乐活动

16 中山市西区荔景苑民俗·曲艺文化馆/荔景苑香山书房

荔景苑始建于 2007 年初夏荔熟时节，2017 年 5 月正式对外开放，占地面积 13000 多平方米，因园内栽种数十株拥有百年树龄的荔枝树，且其中一株有 800 多年树龄而得名。2019 年 12 月，荔景苑民俗·曲艺文化馆成立，成为中山市首批共享文化馆。荔景苑民俗·曲艺文化馆建筑面积约 7000 平方米，内设孙中山文化资源交流中心、特色展馆、大讲堂、大戏台、美术馆、粤韵堂、醒狮文化传承基地等文化空间，常年对外免费开放，定期开展岭南戏曲表演与赏析、少儿粤剧推广普及及传统节庆文化活动等，成为弘扬传统民俗文化的重要平台。

图 3-36 西区荔景苑入口

图 3-37　西区荔景苑香山书房

在共享文化馆建设的基础上，2022 年 6 月，荔景苑再添一个公共文化新空间——荔景苑香山书房，成为中山市首批香山书房之一。荔景苑香山书房建筑面积约 250 平方米，藏书 3000 册，分为亲子阅读区和成人阅读区。香山书房位于孙中山先生铜像旁，周边古建筑环绕，还有抬头可见的孙文莲荷花观赏池和景观文化长廊，自然景观优美，成为市民读书、休憩的好去处。荔景苑以孙中山文化为纽带，多年来积极弘扬中华优秀传统文化，并结合群众需求，常态化开展曲艺演出、阅读推广、粤剧培训、农耕体验等文旅活动。近年来组织上百场惠民文艺活动，其中曲艺活动 30 多场，平均每日进馆人次约 500，总进馆人次约 60 万。每逢周二，荔景苑粤韵堂会免费对外开放。每逢重要节日，荔景大戏台会推出"带艺登场"文化设施优享服务，市民提前预约即可共享服务空间，免费使用主办方提供的舞台、灯光、音响等文化设施。

⑰ 江门市新会区崖门京梅村公共文化空间（蔡李佛文化中心、粤书吧）

　　京梅村文化底蕴深厚，是国家级非物质文化遗产蔡李佛拳发源地，先后获得"广东省文化和旅游特色村""江门市乡村旅游示范村""广东文化旅游名村""广东省民间文化艺术之乡""中国十大最美乡村"等称号。近年来，京梅村依托蔡李佛拳，全面推进文旅融合发展，大力推动村内公共文化服务设施建设，将村综合文化服务中心升级为"两中心"，新建蔡李佛文化中心、农家书屋、京梅村粤书吧，推动文旅融合发展，为村民和游客提供优质的文旅服务，进一步提升京梅村的文化品位。

　　蔡李佛文化中心位于蔡李佛武术文化广场北面，建筑面积约600平方米，是传承国家级非物质文化遗产蔡李佛拳的重要基地，也是全球蔡李佛文化的集中展示区和蔡李佛文化对外传播的重要窗口。京梅村游客服务中心建成于2018年，建筑面积300多平方米，配备游客服务触摸屏系统和智慧VR系统，免费为游客提供咨询、讲解、旅游资源介绍等服务，让旅客全方位了解京梅村和蔡李佛武术文化。京梅村粤书吧建筑面积100平方米，装修风格新颖，书柜、阅览桌椅、休闲设施一应俱全，藏书5000多册，可供30余人使用。结合党史学习教育及重大传统节日，京梅村粤书吧开展各类主题读书活动40多次，进一步拓宽公共文化服务范围，为旅游发展注入新动力、新活力。

图 3-38　新会区崖门镇京梅村粤书吧室内阅读区

图 3-39　新会区崖门镇京梅村粤书吧入口

18 清远市清城区北江生活馆

　　北江生活馆位于凤城广场亲水平台架空层，场馆内面积约 1100 平方米。由清城区委宣传部、清城区图书馆与文化传播企业共建，坚持人文性、生态性导向，努力打造传承弘扬中华优秀传统文化的示范基地，探索具有地方特色的公共文化服务建设新模式。该馆作为城市和市民、市民和社群、城市和乡村深度联结的平台，立足于公共文化新空间，用"文化+"构建北江生活新场景和美好生活新范式，倡导全民阅读、活化非遗、传承文明、温润心灵，希望成为传承文脉的记忆载体，打造凤城的"文化客厅"。北江生活馆设有非遗工坊，挖掘本土非遗，以展演、互动课程方式进行文化传播，活化非遗；有北江文艺走廊，开展朗诵之夜、民谣之夜、研学营、自然学堂等活动，丰富社群生活；开设治愈讲堂，举办文化、健康、艺术类讲座，涵养群众身心。聚焦公共文化新空间打造和服务理念升级，着力于阅读品牌、阅读服务理念、阅读文化、阅读城市，以及阅读生活方式等内容孵化，为周边社区居民提供新型阅读服务。该馆平均每两周在项目区域或凤城广场组织一次免费向公众开放的人文活动，每年服务群众人次达到 1 万以上。

图 3-40　清城区北江生活馆内景

19 清远市英德市连江口野渡谷民宿粤书吧

野渡谷民宿粤书吧位于英德市连江口镇百年古村寨——淡地村野渡谷民宿内。书吧建筑应用原生材料，将现代化农村建设和乡愁主题结合，将当地独特的旧有记忆融入山水田林原生态环境之中，形成人与自然和谐整体。野渡谷民宿书吧依托景区、民宿，探索"公共文化+景区""公共文化+民宿"的新模式，因地制宜将水乡文化、休闲文化、美食文化等转化为特色化品牌活动，进一步形成"一吧一特色"的发展局面。野渡谷民宿粤书吧配置了电子书借阅机、旅游智能终端一体机等智能设备，配有书刊 2500 余册，可在全市公共图书馆总分馆实现通借通还，满足游客的游学阅读需求。

图 3-41　英德市连江口镇野渡谷民宿粤书吧外景

图 3-42　英德市连江口镇野渡谷民宿粤书吧内景

　　野渡谷民宿粤书吧作为高端民宿群落中的乡村公共文化新空间,通过多种方式打造一个集达人输送、热点制造、网络经济落地、产业融合的共享文旅平台。一是引入新媒体经济概念,建立"达人学院",打造私域流量分享机制。与 MCN 合作,建立直播电商孵化中心,将当地农民打造为网红达人,充分利用达人流量进行当地文化、原生态环境、美食、新农村建设及野渡谷民宿粤书吧的推广,实现企业产品、当地农户和网络达人三方共赢。二是"将城市人带进去,将农村人带起来"。通过推广野渡谷民宿粤书吧,提高连江口镇知名度,推动周边农户就业,促进农产品销售,带动乡村经济振兴。三是打造以乡村美学为核心的文化氛围,引入艺术培训、婚礼策划、饮食分享、自然探索、生态环保等活动,营造良好文化氛围。

图 3-43　英德市连江口镇野渡谷民宿
粤书吧咨询服务台

⑳ 潮州市潮安区信靠龙窑文化展览馆

信靠龙窑文化展览馆位于潮州市潮安区凤塘镇洪巷村，是潮州市非遗传承保护基地、潮州市潮安区文化馆分馆，也是广东省陶瓷职业技术学校实习实训基地、潮州市颐陶轩潮州窑博物馆龙窑研究基地、韩山师范学院校外实

图 3-44　潮安区信靠龙窑文化展览馆内景

习基地、汕头大学校外教学基地。信靠龙窑文化展览馆具有鲜明特色，"熔古铸今"，既有古代的陶瓷文化展览，也能欣赏到现代艺术与传统工艺结合的案例，展出的藏品包括近代各时期龙窑烧制的陶瓷制品、陶瓷艺术大师在信靠龙窑创作的艺术作品。该馆还联合汕头大学长江艺术与设计学院举办"首届龙窑公共艺术节"，打造"陶匠演示制作"板块，让更多的人了解陶艺，利用公共艺术节拓宽城乡发展的可能性，塑造具有地方特色的文化名片。信靠龙窑文化展览馆曾接待中国社会科学院法学研究所团队、清华大学建筑学院团队、厦门大学的教授以及日本陶艺大师、俄罗斯陶瓷爱好者等，并与其交流，共同创作陶艺作品。

附录二

2024年广东最美公共文化新空间

① 广州市天河区猎德清和里

　　天河区猎德清和里包含观景阁等建筑，面积约800平方米，还有户外区域约8000平方米，建筑凸显"岭南风"，契合广府文化。项目将新规划设计的室内空间改造为兼具图书阅读、艺术展览、美学展示、文艺表演等不同功能的文化场馆，同时改良户外环境，优化绿化景观。猎德清和里面向公众开放，应用互联网和智能技术拓宽宣传广度，增加宣传深度，线上、线下相结合，提升推广效果，体现文旅新业态魅力。

　　图书馆（含咖啡馆）联合广州市社会科学院定期举办读书会和文化分享沙龙，读者可以通过阅读、听讲座、交流等方式体验空间的人文场

图4-1　广州市天河区猎德清和里入口

景。美学馆以拓展艺术文化活动为主，邀请高级评茶师、香道师、工艺美术师等，每月举办茶艺会、香道品鉴、雕刻艺术体验等活动。艺术馆联合广东美术馆、广州美术学院、与亨艺术中心等艺术机构不定期举办艺术展览、文化艺术讲座等活动，艺术的跨界及不同空间的融合带来了独特的人文体验。多功能舞台的运营团队在有限的空间探索无限的演绎形式，与星海音乐学院、广州大剧院等专业团队合作，不定期举办音乐会，以及邀请舞

图4-2 广州市天河区猎德清和里外景

蹈、歌剧演员来表演，通过风采各异的演出，给人以耳目一新的感受。

图4-3 广州市天河区猎德清和里内景

② 广州市黄埔区图书馆龙湖街分馆

　　黄埔区图书馆龙湖街分馆由黄埔区人民政府龙湖街道办事处和黄埔区图书馆共同建设，引入第三方社会机构进行日常管理运营。图书馆建筑面积 2380 平方米，藏书达 7 万册。馆外设置了便民区域——报刊阅览区和志愿者服务驿站，馆外放置了一座"朗读亭"，读者可以借助里面的专业设备制作个性化、高质量的音频作品。图书馆内部主体阅览空间由多功能阅览区、多媒体阅览区、亲子阅览区、开放式阅览区、阶梯阅览区五大功能区组成，并配备多块大尺寸液晶屏幕、数字资源借阅机、数字资源阅读本、机器人馆员、少儿学习一体机、图书自助借还设备、图书杀菌设备等，打造沉浸式阅读氛围和多样化功能场景，全方位满足来馆读者的文献资源借阅、自主学习提升、科教文化活动等需求。

图 4-4　广州市黄埔区图书馆龙湖街分馆内景

　　龙湖街分馆以"融合"为纲，创新拓展了公共文化新空间。结合邻里中心商铺林立、客流量大的特色，增强"文化+商业"融合动力；与黄埔区新时代文明实践中心和社区社会组织实现基地共建共享，凸显"文化+宣传""文化+社区治理"融合功能；引入咖啡吧台，另有森林走廊、由"书籍"砌成的"时光隧道"、"宇宙恒星"、"火星坡道"、"I♡龙湖"留影板等"网红打卡区"，彰显"文化+旅游"融合魅力。

图4-5　广州市黄埔区图书馆龙湖街分馆阅览区

图4-6　广州市黄埔区图书馆龙湖街分馆活动区

③ 广州市花都区春阳台艺文中心

2021 年 9 月花都区政府与广东省唯品会慈善基金会签订塱头乡村振兴项目战略合作协议，创新实施"政府+企业+村集体"的合作模式。经过两年多的规划和建设，2023 年 4 月春阳台艺文中心（简称"春阳台"）正式对外开放。它位于花都区炭步镇塱头古村村口，总建筑面积 8602 平方米，与珠三角这座保护完好的传统村落（塱头村被列入国家第二批传统村落名录）呼应融合，是一座多功能的艺术文化中心，融合了文博展馆、藏书楼、善本室、阅览室、剧场与艺博活化等活动空间，为古村的多元文化活动提供了全新场所，是活化古村、振兴乡村的重要组成部分。

春阳台藏书楼是春阳台的文化高地，设计师用人字形大阶梯将整个空间划分为上下两层。首层大厅陈列全套文渊阁《四库全书》及一册

图 4-7　广州市花都区春阳台艺文中心外景

《四库全书》的真本，后者为文澜阁遗物，弥足珍贵。在两层书楼及错落其间的回廊，开架陈列着近3万册图书，以中国传统文化为特色，经史子集皆备，古今版本、西方经典俱有。藏书楼附设公共阅览室与深夜阅览室，并辟有善本室。春阳台剧场坐落于村口大榕树之侧，这座构思新巧的双向观演剧场功能丰富，现代文艺表演、岭南传统粤剧与富有塱头民俗特色的演出都在此呈现。

图4-8 广州市花都区春阳台艺文中心阅览室

图4-9 广州市花都区春阳台艺文中心藏书楼首层

④ 深圳图书馆前海湾分馆

　　深圳图书馆前海湾分馆是深圳图书馆与深圳市前海管理局合作建设，委托深圳市前海国际人才服务中心有限公司（以下简称"人才服务中心"）运营管理的贸易主题分馆，坐落于深圳市南山区梦海大道5073 号前海国际人才港第二、第三层，总面积达 1030 平方米，自 2023年 3 月对外开放运营，为在粤港澳大湾区就业、创业、学习和生活的国际人才提供多元化图书馆服务，是粤港澳大湾区文化新地标。

　　深圳图书馆前海湾分馆由深圳图书馆提供业务和技术支持，包括分馆业务标准和系统、纸质和数字资源、业务培训和指导等；深圳市前海管理局负责场馆装修、设备采购、统筹运营等；人才服务中心负责场馆运营和管理。多元化社会合作模式充分激发各方主观能动性，因地制宜建设特色资源，促进公共图书馆的传统服务与特色主题实现融合与平衡。

图 4-10　深圳图书馆前海湾分馆阅览区

深圳图书馆前海湾分馆设计充满现代感与艺术气息，玻璃幕墙环绕的设计确保了室内充足的自然光，内部布局以曲线和圆弧为主，色调温馨明亮，创造出一个既舒适又充满创意灵感的阅读环境。馆内设有多个功能型空间，包括阅览区、数字资源服务区、自助借还区、报告厅、路演厅、听书角和会议室等，还设有自运营咖啡吧，提供轻食和软饮服务。围绕粤港澳大湾区国际人才服务定位，馆藏以贸易、经济及现代服务业等相关书籍为主，聚焦贸易、经济和现代服务业，特设港澳和外文图书专区，满足了读者多元的阅读需求。

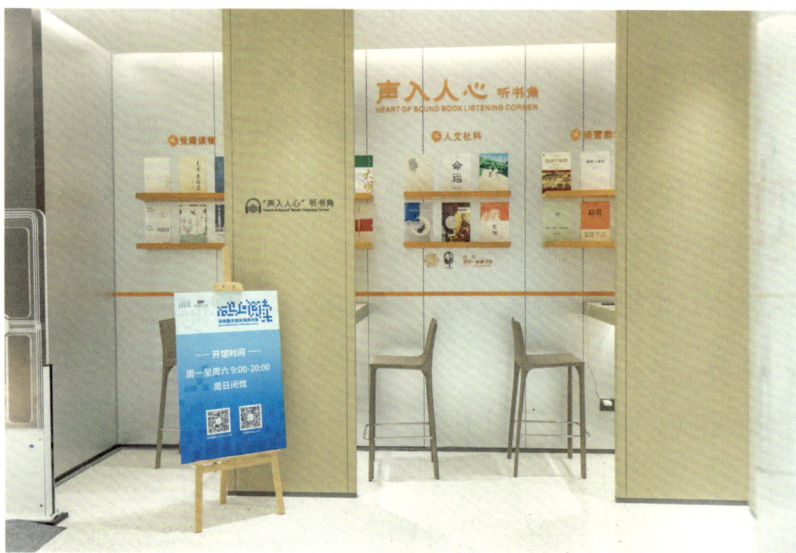

图 4-11　深圳图书馆前海湾分馆听书角

⑤ 深圳市福田区蓝书坊

蓝书坊位于深圳市福田区景蜜社区公园，馆舍面积 1000 平方米，配置建筑类特色馆藏 2400 余册，展示和保存"深港城市＼建筑双城双年展"建筑文献展品，为全国首个以城市建筑双年展文化为主题的公共图书馆。该场馆以"立体书"为外观设计主题，搭配至纯的国际克莱因蓝，展现现代建筑与自然公园的完美融合，极具辨识度。内部根据步入游览动线，合理布局文献阅读区、文创展示区、深港双年展陈设区、活动区和咖啡休闲区，动静结合，满足不同访客需求。

图 4-12　深圳市福田区蓝书坊俯瞰图

蓝书坊由福田区城管局提供场地，福田区图书馆提供公共文化资源，深圳市双年展公共艺术基金会承担场馆的设计装修、场馆水电、日常运营及人员全部费用，三方联手，融合"书语咖啡"文创品牌、"山海连城绿美福田"公园社区等，打造深圳唯一的"城市建筑文献中心"。

有别于其他需要政府补贴运营的公共文化空间,蓝书坊实现了政府"零投入"运营。蓝书坊通过策展的方式收集城市建筑类的藏书、展品,定期邀请国内外建筑大师在馆内进行艺术分享,通过三维城市营造、未来城市畅想,推广城市美学和城市建筑文化,开展公园快闪艺术展、艺术市集、"UABB 学堂"、城市电影院等活动,将空间转变成集聚城市活力、传播城市文化的城市文化驿站,激发公众对城市与建筑话题的兴趣,让读者获得有别于传统图书馆的跨界阅读体验,与建筑界共同打造"X"种无限可能。

图 4-13 深圳市福田区蓝书坊内景

⑥ 深圳市龙岗区 CIC 创新创意中心

    CIC 创新创意中心的前身是龙城工业园的汽修厂，根据"微更新、深融合、重运营"的城市更新理念，采用"政府+国企+社会主体"三方共同投资改造、社会主体专业化运营的模式，地处龙岗数字创意产业走廊和"大运北国际化文创街区"核心区，以数创展示空间为主体，周边配套了艺术酒店、青年公寓、创意办公楼、文娱商业等丰富业态，开放式地构建了集"创意展示高地、文创产业孵化、时尚旅居与艺文生活"于一体的公共创意空间场景。

图 4-14　深圳市龙岗区 CIC 创新创意中心外景

    CIC 创新创意中心重点聚焦数字创意与艺文生活两大板块，一方面通过街区自有数字创意展览品牌"SeeD 数种计划"与"SeeDliNG Fair 数苗创意节"向公众呈现前沿数字创意内容，发现并吸引周边数字创意人才和品牌进行共创；另一方面通过系列化的品牌活动，面向公众开展音乐、戏剧、艺文沙龙等丰富的文化活动，为公众打造新颖、多元的文化生活场景。CIC 创新创意中心规划了数字创意展厅、CC 剧场、CC 空间等区域，未来将以艺文生活为载体，开展数字创意相关的展演与活动，搭建产学研校园绿洲，聚集多元社群参与空间共创，推动龙岗成为文化创意产业集聚区。

图 4-15　深圳市龙岗区 CIC 创新创意中心内景

图 4-16　深圳市龙岗区 CIC 创新创意中心活动现场

7 珠海市斗门区善雅书房艺趣馆

珠海文旅悦臻旅游开发有限公司参与建设的善雅书房艺趣馆于 2021 年 12 月对外开放，坐落于珠海市斗门区黄杨河湿地公园内，是珠海市唯一的湿地书房。善雅书房艺趣馆枕水而建，别具一格，坐拥 360 度旋转式钢结构观景平台，俯瞰黄杨河湿地美景，中央旋转楼梯、白色三角钢琴、圆弧形的阶梯式书柜、复古黑胶唱片机优雅明亮。馆内共有 136 个阅读座席，有 6000 余册藏书，涵盖了儿童绘本、人文社科、文学、艺术、时尚杂志等类别，还有部分黑胶唱片、流行 CD。加上户外观景平台，总面积达 480 平方米。

图 4-17 珠海市斗门区善雅书房艺趣馆外景

　　善雅书房艺趣馆是一个多功能的公共服务空间，内设黄杨河湿地公园游客服务中心，有大堂、问询接待处、纪念品商店、休息厅、旅游地图导览等，全方位提供旅游资讯、景区形象展示、旅游咨询等服务。同时设有文创售卖专区，文创产品将优秀的传统文化融入设计，通过趣味方式解读中国传统文化内涵，传递积极向上的生活态度。为充分实现"一室多能"，善雅书房艺趣馆增设了"粤书吧""悦臻·咖啡""悦臻休闲小驿""线下慈善空间"等。开放至今，善雅书房艺趣馆共举办亲子阅读、儿童课堂、户外体育等文体活动125余场，吸引近3000人次参与，累计接待读者超20万人次，图书外借量超1.2万册。

图4-18　珠海市斗门区善雅书房艺趣馆内景

8 佛山市南海区桂城·沁馆读书驿站

　　南海区桂城·沁馆读书驿站被纳入南海区图书馆总分馆制管理，于2023 年 10 月 17 日通过验收并正式开放。桂城·沁馆读书驿站以"中医药文化+读书驿站"为建站特色，强调中医药文化与读书驿站的有机融合，分为"沁识""沁知""沁药""沁学""沁医""沁方""沁养"七大区域。一楼大厅处设有医圣张仲景的雕像及中药五行归经墙，用实物中药饮片和草本，按照中药的五行进行分类和展示。"沁识"公共知识区以邮票形式设计了"医书之林"和"医药名家"两大板块。二楼设有"沁药"中药知识区、"沁学"图书阅览区、"沁医"中医理论区、"沁方"中药方剂区、"沁养"中医药养生区，不仅展示了中医药文化，也提供了阅览休闲空间和讲座活动空间。

图 4-19　佛山市南海区桂城·沁馆读书驿站入口

　　桂城·沁馆读书驿站内藏纸质书籍约 5000 册、纸质杂志约 50 种、电子图书 3000 种、电子杂志 100 种，其中，中医药专业书籍达到 60%。此外，还配备了智能中药翻书机，采用智能翻页的形式，展示广东道地药材、特产药和各省道地名优中药材，方便读者自主、自助地学习中药知识。藏书区设有红色专区、中医药专区、人文综合区和儿童专区，满足不同人群的阅读需求。南海区图书馆专业的服务团队为桂城·沁馆读书驿站打造贴心服务：每周两次的专业书籍整理、每两周更换 10% 书籍；技术员每月到站进行设备维护，每天远程监测设备运行；站内"紧急呼叫按钮"可供读者即时联系图书馆工作人员，获得专业的指引。

图 4-20　佛山市南海区桂城·沁馆读书驿站内景

⑨ 佛山市顺德区樱造艺术空间

  樱造艺术空间位于佛山市顺德区金凤凰广场，毗邻德胜河畔，建筑占地面积约 500 平方米，提供艺术展览、艺术课、艺术活动、咖啡、轻食等服务。它原是闲置的公共休息驿站，经过修复和再利用，被改造成一个社区艺术空间。

图 4-21 佛山市顺德区樱造艺术空间外景

  从 2022 年成立至今，樱造艺术空间一直积极探寻与本土优秀艺术家合作，独立策划了 11 场涵盖马赛克镶嵌艺术、工笔画、水彩、油画、艺术装置等主题的作品展览，吸引了过万名艺术爱好者、小红书达人和市民前来观展。樱造策展团队将展览与生活方式相结合，传递艺术化的生活理念，在展览中设计布置更多互动的装置和相关的手工体验，尝试将咖啡、手工体验课和艺术展览结合，吸引更多年轻人参观艺术展览并体验手工艺术。同时，根据展览风格及特点，设计不同类型的文创产品。以"带得走的艺术"为目标，结合本土文化需求，为艺术家的作品带来跨界效果，也为观展的人们带来了"接地气"的艺术作品。这种独特的展览和体验方式，让艺术家和观众都感到新奇，备受他们的喜爱。

图4-22　佛山市顺德区樱造艺术空间活动现场

图4-23　佛山市顺德区樱造艺术空间内景

⑩ 韶关市风度书房韶州公园分馆

　　风度书房韶州公园分馆位于韶关市武江区韶州公园望月台游客服务中心二楼,其独特文化内涵与韶州公园优越的自然环境完美结合。该馆于 2021 年对外开放,在设计上以韶关市花——兰花为主要元素,结合韶关特有的张九龄文化,在书房楼梯间,以张九龄兰花诗词为灵感设计阶梯,佐以兰花造型灯饰,以"兰花+张九龄"文化标签,打造韶关本土文化特色标杆。书房空间布局重视空间的共享性,在空间中融入阅读区、文艺活动区、亲子绘本区、咖啡茶叶饮品区等多元功能区,实现一个书房多种体验,打造多功能、多样化文化休闲空间。

图 4-24　韶关市风度书房韶州公园分馆内景

　　风度书房韶州公园分馆坚持共建共享，创新管理方式，扩大社会参与，丰富服务供给主体，探索"公共文化+企业运营"的融合发展模式。书房在运营上与文化公司合作，打造兰花观赏、展示、售卖平台，并提供咖啡轻饮、"网红景点打卡"等服务，营造浓厚的兰花文化氛围。韶州公园分馆作为韶关市图书馆阅读推广活动阵地，每周定期举办"风度沙龙"系列阅读推广活动，以"阅读+手工"的形式，打造以书会友的活动平台。风度书房韶州公园分馆2021年开放以来，共接待读者超14.2万人次，举办系列文化活动175场，以其优秀的区位条件、独特的文化标签成为韶关风度书房中的翘楚，风度文化品牌进一步彰显，社会效益愈发明显。

图4-25　韶关市风度书房韶州公园分馆活动现场

⑪ 河源市图书馆星河丹堤分馆

河源市图书馆星河丹堤分馆于 2022 年 8 月 27 日挂牌成立，由"星河丹堤项目"负责设计建设，空间面积 329 平方米，空间设计融合了现代美学与地方特色，功能区丰富，包括儿童阅读专区、舞台区、创意生活和休闲饮品吧台等。该馆藏书共计 8000 余册，为社区营造了浓厚的书香氛围。

图 4-26　河源市图书馆星河丹堤分馆外景

河源星置城市建设有限公司参与河源市图书馆星河丹堤分馆建设和运营，负责日常的书籍借阅管理，同时联合街道、社区内业主及高校学生等多方力量，招募图书馆执勤管理员，针对馆内乱丢垃圾、大声喧哗等不文明行为，定期排班进行文明督导，形成全社会共建共享的格局。河源市图书馆星河丹堤分馆定期邀请名师名家开展公益讲座，联合具有教学经验的业主与社会人士开展书法、绘画、音乐、英语等公益兴趣课堂，组织爱好阅读的亲子家庭定期开展亲子共读分享、闲置书籍交换等活动。此外，围绕共建"教育主题社区"与"书香社区"，成立河源丹堤业主社群平台，配备专人负责社群运营工作，已累计成立悦读社、书法社、绘画社、音乐社等 8 个兴趣社团。河源市图书馆星河丹堤分馆已成为多个兴趣社团开展活动的主阵地，社群平台已打造"超级星课堂""星阅计划·亲子共读""星河自习室""暑期成长计划"等多个广受欢迎的文化活动品牌。

图 4-27　河源市图书馆星河丹堤分馆内景

⑫ 惠州市"清风集"、"明月颂"惠享书房

"清风集"、"明月颂"惠享书房是坐落在惠州市东江公园之中的智慧型公益书房，位于广场东、西两侧，由惠州市文化广电旅游体育局投资建设，于 2023 年 4 月 27 日开放，现有藏书 1 万余册，为读者们提供了一个与大自然近距离接触的休憩阅读区域。

图 4-28　惠州市"清风集"、"明月颂"惠享书房外景

"清风集"、"明月颂"惠享书房被纳入惠州市图书馆总分馆服务体系，按照"统一管理平台、统一资源编目、统一服务标准"进行一体化管理，不但实现了文献通借通还和数字资源全覆盖，还通过定期开展图书轮换、举办阅读推广活动，确保书房资源和服务的新鲜度、多样性，从而持续保持对读者的吸引力。依托"清风集"、"明月颂"惠享书房，惠州市图书馆积极探索阅读推广新模式，精心打造"惠享·阅四季"品牌活动，在两间惠享书房每年开展不少于 30 场活动；以文化艺术交流和分享为切入点，结合传统民俗文化、非物质文化遗产、生活创意美学

等主题开展活动，读者在阅读之外，还能参与写字、喝茶、赏艺、观展、品咖啡、听讲座、看藏品等活动。书房内还开辟了电子期刊阅读区，读者可免费阅读 60000 余册畅销电子图书、40 多种主流畅销人文期刊等。经统计，自开放以来至 2024 年 6 月，书房累计接待读者 110279 人次，文献流通 15813 册次，服务效能显著。

图 4-29　惠州市"清风集"、"明月颂"惠享书房内景

⑬ 东莞市长安镇莲花山下·莞

　　东莞市长安镇在 2024 年 4 月正式启用莲花山下·莞，通过高品质文化空间的规划引领赋能"百千万工程"。该项目由市镇共建，对标广深一线城市设计风格，面积超 1000 平方米，融合潮流休闲、文化服务等多业态，打造了乐享书房、莲溪书屋、长安会客厅、生活美学馆、共享 U 空间、超链接平台六大功能区，让广大市民在家门口就能够享受到更高品质、更加多元、更为潮流的文化服务。同时，项目由镇属企业代运营，引入书商、花店、咖啡店等社会力量进驻，积极融入居民日常生活场景。

图 4-30　东莞市长安镇莲花山下·莞外景

　　为搭建与企业高效对接的桥梁，更好地服务人才，莲花山下·莞提出"我的每㎡"核心理念，通过提供多元化、多业态的新型服务，常态化开展通识课堂、图书盲盒、潮玩夜市、音乐会等时尚活动，规划搭建会员通道，确保活动长效开展。同时，空间还为周边人才提供便捷、贴心的个性化共享空间服务，如共享办公室、共享自修室、共享多功能室等，满足多元化的工作、学习需求。空间自启用以来，进馆人次约2万，受到群众广泛欢迎。

图 4-31　东莞市长安镇莲花山下·莞内景

图 4-32　东莞市长安镇莲花山下·莞阅读空间

⑭ 东莞市南城街道书香南苑·莞

　　书香南苑·莞位于东莞市南城市民花园内，共两层，总面积 1000 平方米，是南城街道围绕"首善之区"发展定位，贯彻落实文化强市建设工作部署，扎实推进文化强市建设的建设成果。空间由南城文化服务中心与广东新华发行集团东莞新华书店有限公司共同打造，集阅读、艺术、文创、图书销售、文化活动和轻食餐饮等多元服务于一体。空间与周围的花园和湖泊相融合，营造出一种人与自然和谐共处的氛围，让市民可以在自然的怀抱中尽情享受阅读的乐趣。

图 4-33　东莞市南城街道书香南苑·莞外景

　　书香南苑·莞藏书 7000 余册，并配备自助借还设备，可与全市图书馆总分馆各成员馆实现图书通借通还，为市民提供便捷的借还服务。同时提供销售的图书有 3 万多册，涵盖了文学、社科、经管、少儿、教辅、生活、科技和艺术等。书香南苑·莞开展读书分享会、文化沙龙、文化讲座等阅读活动，并邀请专家学者举办各类文化活动，如艺术展览、公益讲座等，为市民提供一个交流和学习的平台。自 2023 年 8 月 18 日开放截至 2024 年 6 月，接待市民超 20 万人次，借还图书 5.1 万余册次，开展文化活动 40 多场，是首批"·莞"公共文化新空间，也是南城街道儿童友好阅读基地、东莞市南城街道少先队校外实践教育基地、户外劳动者爱心驿站。

图 4-34　东莞市南城街道书香南苑·莞内景

图 4-35　东莞市南城街道书香南苑·莞书架

15 中山市文化馆非遗主题香山书房

中山市文化馆非遗主题香山书房位于中山市文化馆一楼，由中山市文化广电旅游局统筹，中山市文化馆负责建设，面积约 860 平方米。区别于其他香山书房，非遗主题香山书房将中山本土非遗元素与阅读有机结合，让市民在书房体验非遗之美，感受传统文化魅力。书房内，醉龙舞、小榄刺绣、小榄花灯、咀香园杏仁饼、大涌红木雕刻家具、阜沙单人农艇等造景和非遗实物一一呈现，与各阅读区融为一体，氛围温馨和谐，众多非遗文创产品穿插展示于墙柜上。在鲜亮多彩的少儿阅读区，精美而栩栩如生的小榄鱼灯仿佛在半空嬉戏。少儿阅读区旁有一面中山非遗分布图，通过活泼可爱的卡通非遗形象，市民对中山非遗项目及分布情况一目了然。

非遗主题香山书房藏书超 15000 册，书房内设置了主题图书阅读区、儿童阅读区、非遗文创展示区、室外阅读区等区域，配备了智能化自助借阅设备，被纳入全市图书馆总分馆服务体系协同管理，运用中山纪念图书馆智慧管理系统进行全市图书通借通还、统编统管，能满足市民的图书借阅、阅览自习、阅读分享、休闲参观等需求，为市民提供了高品质的公共阅读空间，塑造了一个中山非遗的展示窗口。自 2023 年 6 月开放以来，非遗主题香山书房积极开展"我们的节日"系列活动，已开展非遗活态展示、非遗文创展览、非遗体验、阅读分享、参观体验、文艺培训等 20 余场各类主题活动。非遗主题香山书房全年开放，吸引了众多市民前来参观、阅读，累计入馆约 118400 人次，日均入馆约 300人次。

图 4-36 中山市文化馆非遗主题香山书房入口

图 4-37 中山市文化馆非遗主题香山书房内景

16 中山市紫马岭公园香山书房

紫马岭公园香山书房于 2023 年 1 月建成开放，建筑面积 611 平方米，藏书约 8000 册，设置多个功能区域，阅览座位 260 个。该书房的建筑由政府部门代建建设，内部装修、后续运营采取"公共资源有偿使用"的方式引入社会力量投资完成，减轻财政负担。运营方定期向国库缴纳对公共资源有偿使用的租金，允许适度的商业配套，定期举办公益文化活动，在社会效益

图 4-38　中山市紫马岭公园香山书房俯瞰图

和经济效益之间取得平衡，推动"两个文明"相协调发展。2023 年至 2024 年上半年，紫马岭公园香山书房已累计接待群众近 40 万人次，被文化和旅游部全国公共文化发展中心评为 2023 年度"最美乡村公共文化空间（创新案例类）TOP60"。

图 4-39　中山市紫马岭公园香山书房内景

17 茂名市信宜市双合村公益图书馆

　　双合村公益图书馆位于信宜市钱排镇的"中国李乡·山水双合"，是信宜市委、市政府在"三华李第一镇"钱排镇高标准打造的乡村振兴"信宜样板""茂名样板"。打造过程中，决策者和建设者独具匠心，注重书香点缀美丽乡村，利用村中流转出来的空置民房建造了一个外部环境幽静、内部装修格调优雅的乡村公益图书馆，为乡村注入了丰富的文化内涵。

图 4-40　茂名市信宜市双合村公益图书馆内景

　　双合村公益图书馆建筑面积约 530 平方米，馆内的咖啡书吧、听书区域、新书推荐展区、阶梯阅读区、阅览室等功能区设置一应俱全，此外还设有信宜竹编工艺品、名人手迹作品的展览区。图书馆门前设置了若干户外休闲桌椅，再往外就是双合艺术果园，读者在舒适优雅的果园自然环境下翻阅书籍,既可以享受果园美景,又可以在书海中遨游。该图书馆目前拥有各类藏书5000多册,包括党史、伟人传记、红色经典、儿童漫画、少儿文学、少儿科普、国学经典、世界名家名著、心理励志、种植养殖等各类图书。馆内配备有智能化阅览系统,并有图书借阅一体机,读者可以凭借身份证自助办理借还书手续。同时,为了强化线下阵地建设与线上服务供给协同发力,促进文化服务和数字技术深度融合,双合公益图书馆还引入了数字化赋能的新华"悦读空间"。"悦读空间"有电子图书10万余册、听书资源3万多集、电子期刊和报纸600多种,并通过与信宜市图书馆数据联通,实现图书的通借通还和数据共享。

图4-41　读者在双合村公益图书馆内阅读

18 清远市三禾书院·粤书吧

　　三禾书院·粤书吧（以下简称"三禾书院"）是由清远市图书馆与三禾稻里民宿合作共建，融合图书阅读、咖啡休闲、文化交流、商务会客、研学体验等多元化业态的乡村美学空间。三禾书院所在地原为三和村的牲栏，按照"修旧如旧"的思路改造为书院，将其嵌入盎然的田园景致中，并保留一堵夯土墙和青砖墙作为背景，让传统与现代实现了对话、融合。三禾书院面积 850 平方米，共三层，配置近万册图书、丰富的数字资源和多台智能设备。馆舍主体采用清水混凝土打造，与木制的金字梁和竹篾材质的天花板营造出天然古朴的气息。空间结构层次丰富，三层的各个空间有楼梯相连，形成曲径通幽的"书林"穿行路线。

图 4-42　清远市三禾书院·粤书吧外景

　　三禾书院探索了"政府引导、村集体和社会力量参与、专业团队运营"的多效益叠加的发展模式，对公众免费开放，并被纳入清远市公共图书馆总分馆服务体系，实现全市通借通还。清远市图书馆与民宿企业形成优势互补、资源共享的合作运行机制，除了为书院提供高品质的图书资源，还针对性下沉融合性的阅读活动资源。三禾书院引入广州白天鹅宾馆管理团队进行专业化、品牌化、系统化管理与运营。运营团队围绕"百千万工程"部署、高质量践行乡村振兴工作要求，结合自身特有的资源禀赋创新三禾书院的服务业态，以打造"读、游、赏、作、食"沉浸式体验为核心，定期开展读书沙龙、咖啡茶饮、婚礼策划、农耕体验、研学团建等文化增值服务，实现农文旅与高端服务业的深度融合。

图4-43　清远市三禾书院·粤书吧内景

19 清远市清时光·森林书吧

清时光·森林书吧位于森波拉度假森林湿地岛水杉林畔，面积近百平方米，藏书近千册，涵盖了文学、历史、哲学、艺术、管理、经济、地理及时尚等多个门类；错落有致的书架直通斜屋顶，两侧摆满各种黑胶唱片和中外名著；采用透明玻璃采光设计，阳光直洒进来，窗明几净，飞阁流丹。清时光·森林书吧与湿地岛的葱翠融为一体，三角形的国际克莱因蓝屋顶造型与绿色屏障般的水杉林相映。书吧除了提供免费阅读、小憩的空间，还经营书刊销售、茶饮、咖啡、甜品，也可以举办各类小型读书会、沙龙、聚会等，为广大游客朋友提供一个阅读、休闲、休憩的空间。

图 4-44　清远市清时光·森林书吧外景

清时光·森林书吧项目是落实公共文化设施引入旅游行业,将公共服务率先打造成文旅融合创新探索示范领域,在全省旅游景区、酒店和民宿等旅游行业开展"粤书吧"试点建设工作的文旅融合创新项目,于2021年10月落成。书吧开进景区里,不仅为旅途的游客提供了一个休憩的空间,也为忙碌的人们创造了一段"慢下来,读一本书,听一听森林的声音"的时光。

图 4-45　清远市清时光·森林书吧俯瞰图

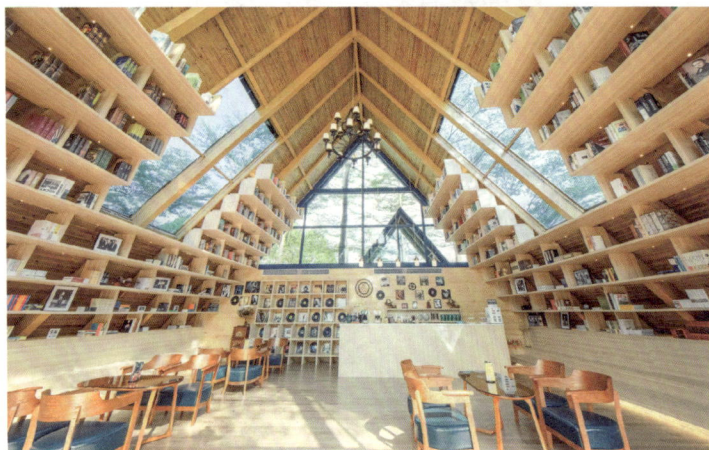

图 4-46　清远市清时光·森林书吧内景

⑳ 潮州市湘桥区潮府工夫茶文化博物馆

潮府工夫茶文化博物馆由方云帆先生投资建设运营，占地面积达705 平方米。馆内设施丰富，包含阅览室、茶文化知识走廊、潮州工夫茶体验亭、文物展厅、文创室等。馆中陈列着方云帆先生精心收藏的400 余件与茶相关的藏品，年代跨度大，生动具象地展现了中华茶文化的历史变迁，还藏有数百本关于中华文化、潮州文化、中华茶文化等类型的书籍，供游客免费阅读。该馆开办了茶文化课程，解读茶器文化，普及潮州工夫茶道知识，传授冲茶技艺。作为拥有"潮州市文化研学游基地""潮州市人文社会科学普及基地""潮州市新文艺组织、新文艺群体联席会议成员单位""潮州市研学旅行协会理事单位"等诸多头衔

图 4-47　潮州市湘桥区潮府工夫茶文化博物馆入口

的单位，该馆开设了丰富的研学课程，包括工夫茶道、明代煎茶道、潮州古建筑、潮州音乐、潮州陶艺等，已开办数百场面向高校学子、公司员工、中外游客等群体的研学课程。自 2018 年开馆以来，潮府工夫茶文化博物馆已接待了 5 万多位来自世界各地的游客。

图 4-48　潮州市湘桥区潮府工夫茶文化博物馆内景